KB126521

나의 벽을 넘어서는

불안상자

나의 벽을 넘어서는
불안상자

© 따돌림사회연구모임 교실심리팀, 2018

초판 1쇄 발행 | 2018년 12월 5일
초판 3쇄 발행 | 2021년 1월 12일

지은이 | 따돌림사회연구모임 교실심리팀
발행인 | 정은영
책임편집 | 한미경
디자인 | 디자인봄
일러스트 | 최다은

펴낸곳 | 마리북스
출판등록 | 제 2019-000292호
주소 | 04037 서울시 마포구 양화로 59 화승리버스텔 503호

전화 | 02)336-0729, 0730
팩스 | 070)7610-2870
인쇄 | (주)현문자현

ISBN 978-89-94011-90-5 (44180)
　　　978-89-94011-72-1 (set)

이 도서는 한국출판문화산업진흥원의 출판콘텐츠 창작 자금 지원 사업의 일환으로
국민체육진흥기금을 지원받아 제작되었습니다.

나의 벽을 넘어서는

마리i 마음상자 02

불안상자

따돌림사회연구모임 교실심리팀 지음 | 최다은 그림

마리북스

머리말

나를 넘어서는 용기, 불안

불안, 우리에게 참 익숙한 말이지? 불안은 어떻게 생겼을까? 그리고 불안은 무슨 색깔일까? 불안은 언제 우리에게 다가오는 걸까? 왜 이렇게 폭풍 같은 질문을 쏟아내느냐고? 바로 이 불안이라는 녀석의 정체를 알 수 없기 때문이야. 이 정체 모를 녀석은 불쑥불쑥 우리에게 찾아와. 어른이나 아이, 밤이나 낮, 장소를 가리지 않고 말이야. 그리고 어떤 사람도 피해갈 수 없는 우리에게 익숙한 친구, 아니 적이라고도 할 수 있지.

아마 너희도 불안 때문에 괴로웠던 적이 있을 거야. 없다고? 에이, 설마. 새빨간 거짓말! 세상에 불안하지 않은 사람은 없거든. 특히 10대인 너희는 불안을 건너뛸 수가 없어. 왜냐하면 불안이라는 녀석을 만났을 때 어떻게 대해야 할지 아직 서툴거든. 그래서 불안을 만났을 때 어른들보다 그 존재감을 더욱 크게 느낄 수밖에 없지. 다시 말해서 더욱 불안하고 초조하고 뭐 그런 증상에 더 크게 시달릴 수 있다는 거야.

불안의 비밀이랄까 신비라고 할 수 있는 게 있어. 불안이 나에게 왔을 때, 내가 불안을 어떻게 대하느냐에 따라 친구도 될 수 있고, 벽도 될 수 있다는 거야. 바로 이것!

'내가 불안에게 먹히느냐, 불안이 나에게 먹히느냐!'

아주 무섭고도 중요한 이야기 같지? 하지만 불안에 떨지 않아도 돼. 불안도 알고 보면 친근하고 귀여운 구석이 있거든. 불안이라는 공포가 없었다면 인류는 진작 이 세상에서 사라졌을지도 모른다고 해. 사나운 맹수의 공격에서 살아남기 위해, 다른 종족들에게 지배당하지 않기 위해, 세상 모든 정글에서 살아남기 위해 발전에 발전을 거듭해서 지금에 이르렀다는 것이지.

그렇다면 불안을 어떻게 받아들여야 할까? 그래, 이 책은 바로 그 이야기를 하려는 거야. 모든 게 막연할 때는 더욱 불안해. 그런데 하나씩 알아나가다보면 막연했던 불안도 하나씩 사라지는 경험을 하게 될 거야. 무슨 일이든 정면 돌파가 최선이잖아?

이 책에서는 가장 먼저 불안이라는 녀석의 정체를 이야기해. 다음, 나에게 찾아온 불안을 직시하고 이 녀석을 친구로 둘지, '에잇 귀찮고 성가시다. 너 같은 녀석은 필요 없다' 하면서 내칠지를 선택하라는 거지. 그런 과정을 거치고 나면 나를 가로막고 있던 불안이라는 벽을 넘어서서 한 뼘 성장한 나를 만날 수 있을 거야. 그럼 우리 함께 불안이라는 녀석을 '나의 벽을 넘어서는 용기'로 만들어볼까?

2018년 11월
따돌림사회연구모임 교실심리팀

차례

1장 ⋯ 불안이라는 친구

4장 … 10대라서 더욱

5장 ··· 불안에서 성장으로

프롤로그

오늘도 엄마와
아빠는 싸운다

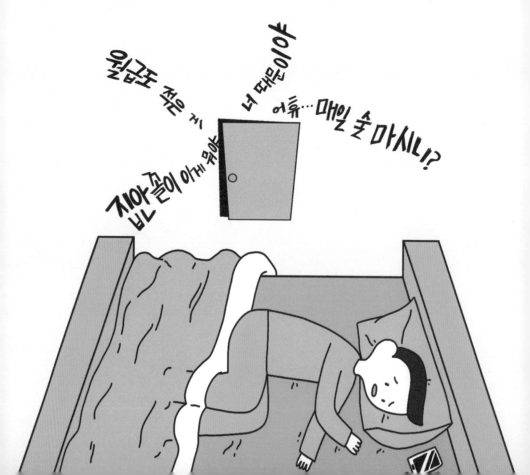

집으로 가는 발걸음이 무겁다.

하루가 멀다 하고 싸우는 엄마와 아빠.

너 때문이야!

너 때문이야!

고함 소리는 무섭고

싸늘한 분위기는 숨이 막힌다.

• • • • •

나 때문일까?

이대로 사라지고 싶다.

넌 꿈이 뭐니?

……

넌 어느 학교 갈 거니?

……

너…… 생각이라는 게 있니?

아무리 물어도 나는 생각이 없다.

잘하는 것도, 하고 싶은 것도, 꿈도 모르겠다.

앞으로 너 뭐 먹고 살래?

이제 그만! 제발 그만 좀 물어봤으면 좋겠다.

∙ ∙ ∙ ∙ ∙

나의 미래를 생각하면 마치 뿌연 안개 속을 걷는 기분이다.

이대로 도망가고 싶다.

"얘, 덥지 않니?"

방문을 열고 들어오신 엄마는

0.1초 만에 내가 공부하고 있는지 아닌지 스캔하고

"이것 먹으면서 해."

간식을 놓음과 동시에 내 진도 스케줄 정리를 마치셨다.

엄마는 날 위해 회사도 그만두었다.

엄마는 내 보호자이면서 비서이면서 동시에 감시자다.

엄마의 머릿속에는 S대에 가는 계획표가 완벽하게 짜여 있다.

그런 엄마가 미우면서도 S대를 못 갈까봐 불안하다.

. . . . .

나는 꿈을 꾼다.

S대 합격 통지서를 엄마에게 준다.

그리고 나는 먼 곳으로 떠난다.

내 꿈은 가출이다.

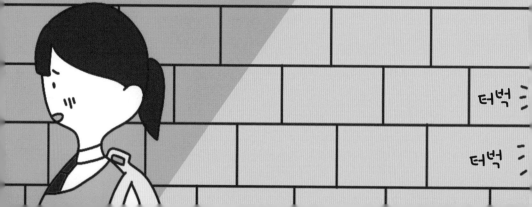

야자를 마치고 집에 가는 길은 온통 신경을 곤두서게 한다.

뒤에서 발자국 소리라도 나면

머리카락 하나하나가 쭈뼛쭈뼛 서는 느낌이다.

'뛸까? 아니면 천천히 걸어서 내가 뒤에 갈까?'

여차하면 휴대폰의 'SOS 요청하기' 버튼을 누를 수 있게

만반의 준비를 한다.

친구들한테 이야기하면 대수롭지 않게 여긴다.

"야, 뭐가 무서워? 네 얼굴 보여줘." (까르르)

내가 영화를 너무 많이 봤나?

그런데 사실 영화보다 무서운 건 뉴스다.

뉴스에 나오는 현실은 영화보다 더 잔인하고 무서울 때가 많으니까.

지하철역 화장실 가는 것도 무섭고, 밤늦게 혼자 엘리베이터 타는

것도 무섭다.

・ ・ ・ ・ ・

물론 세상 걱정의 대부분은 일어나지 않을 일이다.

'나한테 그런 사건이 일어날 확률이 얼마나 되겠냐? 까짓것, 다 덤벼!'

그래도 밤길은 여전히 무섭다.

딩동댕. 시험을 알리는 종소리.

심장이 콩닥, 손바닥엔 땀이 주르륵.

시험지를 받고 한번 훑어본다.

"후~."

나도 모르게 새어나오는 한숨 소리.

나는 시험과 관련해서는 한 번도 예측이 벗어난 적이 없다.

그리고 그런 나의 예측으로는

이번 시험은 망했다.

• • • • •

나만의 공부 패턴이 있다.

낮에는 공부가 잘 안 되니 자고 밤에 일어난다.

책상 앞에 앉는다.

책상이 더러워 보여 깨끗하게 닦고 모든 책의 줄을 맞춘다.

내친김에 방 청소도 한다.

다시 책상 앞에 앉는다.

공부를 하기 위해 효율적인 학습법을 검색한다.

……

그래, 난 공부가 하기 싫다.

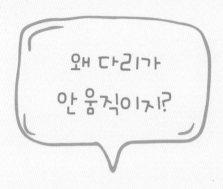

떨리는 목소리…….

쟤는 왜 발표를 저렇게 하지?

그렇게 불안한가?

내 차례가 되자 자신 있게 무대에 오른다.

분명한 목소리로 발표를 시작한다.

하하하, 이게 발표지.

응? 그런데 왜 다리가 안 움직이지?

야, 다리야! 내 다리!!!

· · · · ·

나는 불안이 심리나 마음의 문제인 줄 알았다.

그런데 몸이 굳을 줄이야.

이.생.망.

이번 생은 망했다.

과거는 어두웠고 미래는 암울하다.

내 머릿속엔 후회와 걱정이 한가득이다.

그런데 TV에서 보는 스포츠 스타들은 그렇지 않은 것 같다.

음악을 들으며 결승전을 기다리는 수영 선수들, 무심한 얼굴로

마지막 한 발을 쏘는 양궁 선수들. 기자들이 묻는다.

"경기 전에 편안해 보이시던데 떨리지 않았나요?"

"다른 생각 안 하고 경기에만 집중했습니다."

그들에겐 과거도 없고 미래도 없고 오직 경기만 있나보다.

와, 어떻게 그럴 수 있지?

· · · · ·

내일을 걱정하고 있는 나,

불안에 쫓기고 있는 너,

우리에게 필요한 것은 지금에 집중하는 '훈련'이 아닐까?

쫓기는 꿈

이상한 꿈을 꾸었어. 며칠째 같은 꿈이야. 무언가에 쫓기는 꿈. 어떤 날은 액션 영화처럼 악당들에게 쫓겨. 담장을 뛰어넘고 구불구불 좁은 골목을 허겁지겁 도망가. 가끔은 판타지 영화처럼 하늘을 날기도 해. 두 팔을 날개삼아 허우적거리거나 우주 공간에서처럼 점프를 하는 거야. 그래도 무시무시한 괴물은 더 빨리 따라와.

"꺄아아아악~!"

눈을 뜨고 내 방 천장에 붙은 야광별 스티커를 확인한 순간, 그제야 꿈인 걸 알게 돼. 등이 축축해. 식은땀인가봐.

'휴우~ 꿈이라서 정말 다행이다.'

너희는 이런 꿈 꾼 적 없니? 그런데 왜 자꾸 이런 꿈을 꾸는 걸까? 엄마한테 꿈 이야길 했더니 내 마음이 불안해서 그런 거래. 그러면서 무슨 걱정이 있느냐고 물으셨어. 나는 깊이 생각하지 않고 그냥 대답해버렸어.

"아니, 걱정은 무슨……. 그런 거 없는데."

사실 걱정이야 많지. 너무 많아서 딱히 한 가지를 말하기도 그래. 엄마한테 말하기엔 너무 사소한 것 같기도 하고, 때로는 왠지 부끄러워서 말하기 싫을 때도 있어. 이런저런 이유로 늘 같은 대답을 해.

"걱정 같은 거 없어!"

그런데 진짜 뭐가 걱정되는지 잘 모를 때도 있어. 마음은 불안한데, 그 이유를 잘 몰라. 그럴 때 깊이 파고들면 뭔가 무서운 것이 나타날 것만 같아. 생각하기 귀찮기도 하고. 그래서 아무 생각 없이 휴대폰을 만지거나 멍하니 TV를 봐. 그래도 불안한 마음이 사라지진 않아. 그림자처럼 발가락 끝에 끈질기게 달라붙어 있지.

．．．

나를 불안하게 만드는 건 이런 것들이야.

'시험공부 안 했는데 어떡하지?'

'앗, 늦잠 잤다. 지각하면 어떡하지?'

'아침에 엄마한테 학원 교재 산다고 거짓말하고 돈 달라고 했는데 들키면 어떡하지?'

'어제 예쁜 동생한테 고백했는데 오늘 마주치면 어떡하지? 나를 거들떠보지도 않으면 어떡하지?'

'어젯밤에 학교에서 친하게 지내고 싶은 친구한테 페친 신청했는데 안 받아주면 어떡하지?'

'오늘 밤에 또 아빠가 고등학교 어디 갈 거냐고 물어볼 텐데 뭐라고 대답하지? 아, 어떡하지?'

이런 생각에 사로잡히면 어김없이 심장이 쪼그라들면서 뭐라말할 수 없는 마음의 불편함이 몰려와.

'난 앞으로 뭘 하고 살지?'

'어떻게 살아야 할까?'

'내가 과연 대학이나 갈 수 있을까?'

'이렇게 살다 내 인생 망치면 어떡하지?'

너희도 그럴 때 많지 않아? 그러니까 결과를 모른 채 시간이 흐르기를 기다려야 할 때 말이야. 그럼 그냥 기다리면 되는 것 아니냐고? 하지만 기다리기만 하면 좋은 결과가 올까? 문제는 바로 그거야! 기다렸을 때 좋은 결과가 올지 나쁜 결과가 올지 우리는 알 수 없잖아? 불안하고 두려운 건 바로 그 때문이지.

• • •

'과연 내가 잘할 수 있을까?'

'과연 그 친구가 내 고백을 받아줄까?'

'지금 선택한 내 인생 진로가 맞을까?'

'나는 과연 잘살 수 있을까?'

내가 잘할 수 있다면, 다른 사람이 나에게 호감

을 가질 거라는 확신이 있다면, 나의 선택이 옳다면, '걸음아 날 살려라' 달려서 9시 전에 교문을 통과할 자신이 있다면 절대 불안하지 않을 거란 이야기지. 내 말이 맞는 것 같지? 너희 혹시 마리아이가 얼마나 똑똑한지 잊은 건 아니지?

뭐라고? 벌써 까마득한 예전에 잊어버렸다고? 뭐 한 번쯤 잊는 건 용서해줄 수 있어. 마리아이는 마음이 넓으니까. 앞으로 잊어버리지 않는 게 더 중요하지 않겠어? 그런데 《진짜 나를 만나는 혼란상자》(이하 《혼란상자》)에서 이 마리아이가 그렇게 존재감이 없었나? 자신의 존재를 무시당하는 슬픔이 얼마나 큰지 너희도 잘 알잖아? 뭐, 이쯤 해뒀으면 앞으로 잊어버리진 않겠지.

'내 고백 안 받아주면 어때. 하고 싶은 말 했으니 후회는 없어!'

'그래, 살다보면 그래도 길은 나오겠지!'

'무슨 고등학교 가면 좋을지 나도 모르겠다고 해버리자. 내가 그렇다는데, 아빠가 뭘 어쩌겠어? 갈 때 되면 결정되겠지!'

그래, 까짓것 이렇게 생각해보는 거야. 네가 이기나 내가 이기나 어디 맞짱 한번 떠보자고! 그러면 아마 '불안'이라는 녀석의 뒤통수도 볼 수 없을 거야. 아, 그게 그렇게 말처럼 쉬운 게 아니라고? 나도 알고 있어. 그래서 이 책 《나의 벽을 넘어서는 불안상자》(이하 《불안상자》)로 너희를 다시 만나는 거라고.

나도 불안, 너도 불안,
우리 모두 불안

'다른 사람은 멀쩡한데 나만 왜 이럴까?'

'나는 왜 이 모양일까!'

'참 한심하다!'

이런 별의별 생각이 다 들 때가 있어. 그리고 이런 생각이 들 때면 불안을 느끼기도 쉽지. 그런데 나만 이런 생각을 하지 않는다는 거야. 아마 너희가 엄청 부러워하는 전교 1등도, 학교에서 아주 인기가 많은 친구도 알고 보면 모두 이런 생각을 하고 있을걸.

미국의 억만장자 하워드 휴즈Howard Robard Hughes Jr.도 그랬대. 이 아저씨는 공구 회사와 막대한 재산을 물려받고 스스로도 노력해서 엄청난 부자가 되었어. 특히 영화와 항공 분야에서 큰 성

공을 거뒀는데, 그의 활약은 역사적으로 길이 남을 정도야. 현대의 '블록버스터'에 버금가는 영화를 제작해 관객들에게 신선한 충격을 주었고, 휴즈 항공사에서 세상에서 가장 빠르고 가장 긴 날개를 가진 비행기인 '헤라클레스'도 만들었어.

이런 대박을 터뜨렸는데도 그는 만성 불안과 강박에 시달렸어. 시도 때도 없이 찾아오는 불안 때문에 집 밖을 나가지도 못하고 사회와의 접촉도 끊었어. 집으로 사람들이 찾아오면 할 수 없이 만나기는 했는데, 분필로 18센티미터 정사각형을 그어놓고 그 안에서만 말하게 했어. 그는 1년에 단 한 번 머리와 손톱을 잘랐고 크리넥스 통을 발에 신고 다녔어. 그가 죽었을 때 그를 본 사람이 없어서 지문으로 그의 신원을 겨우 확인할 수 있었는데, 그의 몰골은 비참하기 짝이 없었다고 해.

억만장자가 이처럼 불안에 시달렸다고 하면 누가 믿을까? 다른 사람이 보기에는 부럽기만 한, 아무 걱정 없는 사람 같은데 대체 무엇이 그를 그토록 불안에 떨게 만든 것일까?

· · ·

그리스 신화에 '불안의 신' 이야기가 나와.

어느 날, 불안의 신이 들판을 산책하다 진흙이 쌓여 있는 곳을 발견했어. 불안의 신은 진흙덩이로 작품 하나를 만들었어. 머리, 코, 입, 귀, 몸통…… 자신의 작품이 점점 모습을 갖추어갈수록 마음에 쏙 들었어. 불안의 신은 생각했어.

'내가 만든 진흙 작품이 살아 움직일 수 있다면 더 굉장하지 않을까!'

결국 불안의 신은 자기보다 높은 신인 제우스에게 부탁을 했어. 제우스는 신비스러운 힘으로 진흙 작품이 살아 움직이게 했지. 진흙덩이에 불과했던 작품이 빵긋 웃기도 하고 매력적인 눈으로 윙크를 하기도 했어. 그러자 불안의 신은 물론 제우스신도 이 진흙 작품에 마음을 빼앗겼어.

불안의 신은 그런 제우스의 마음을 눈치채고는 작품에 재빨리 자신의 이름을 붙여 가져가려고 했어. 그러나 제우스는 생명을 불어넣은 것은 자신이니 자신의 이름을 따라야 한다고 했어. 옥신각신하다 결론을 내지 못해 두 신은 대지의 신 가이아에게 가서 이야기했어.

두 신의 이야기를 들은 가이아는 작품의 재료가 흙이니 오히려 자신의 이름을 따르는 것이 맞다고 주장했어. 세 신은 서로 티격태격 자신의 권리를 내세우며 끊임없이 갈등했지. 세 신은

답답한 나머지 지혜의 신 아테나를 찾아갔어. 그리고 아테나가 결정해주는 대로 따르기로 했지. 그들의 이야기를 들은 아테나는 다음과 같이 결론을 냈어.

"재료가 흙이니까 이름을 Humus(라틴어에서 '땅'을 의미)에서 따서 Homo(라틴어에서 '사람'을 의미)라고 불러라. 살아 있는 동안은 작품을 만든 불안의 신이 지배하고, 삶이 끝나면 그 영혼은 영원한 것이니 제우스가 관리하도록 하라!"

그러니까 이 신화에 따르면 인간은 흙에서 만들어졌으나 살아 있을 때는 불안과 함께 살고, 죽어서 주主신 제우스에게 간다는 거야. 그래서 인간은 살아 있을 때는 불안할 수밖에 없다는 이야기지.

어때, 그럴듯하게 들리니? 아니면 허황된 신화일 뿐이라고 생각하니? 하지만 이런 신화가 전해지는 것은 사람들의 어떤 믿음이 담겨 있기 때문이야. 걱정, 근심, 불안과 늘 함께 살아갈 수밖에 없는 사람들이 자신의 삶을 나름대로 해석해서 만든 것이 신화니까.

불안의 비밀

그렇다면 우리는 불안을 숙명처럼 받아들여야 할까? 특히 엄마를 보면 좀 안타까울 정도로 늘 걱정이 가득해. 혹시라도 자식에게 무슨 일이 생길까봐 그런 거래. 엄마 말씀으로는 부모가 되면 자식 걱정 때문에 늘 긴장 상태가 된대. 그러면 불안이 꼭 나쁜 것만은 아니라고 해야 하나?

그런데 이게 불안의 숨겨진 비밀이야. 불안이 우리를 지켜준다는 사실! 우리 인간에게 불안이 없었다면 이미 멸망했을지도 모른대. 인류의 조상인 원시인들이 살았던 시대를 생각해봐. 날카로운 발톱을 가진 시벨 타이거나 매머드 같은 동물은 인간에게 두려움의 대상이었어. 맹수들이 주위에 어슬렁거리면 인간은

몸을 숨기기에 바빴어. 습격당할지도 모른다는 불안감 때문에
동굴 속에 숨어 맹수들의 움직임을 살살 살폈고, 방어할 수 있는
도구들도 만들었어.

만약 원시인들의 마음속에 불안이라는 센서가 없었다면 그대
로 맹수의 먹잇감이 되었을 거야. 바스락거리는 맹수의 발소리
를 알아차리지 못하고 무심코 동굴 밖으로 나왔다가 잡아먹히게
되었겠지. 그렇게 인류는 마음속에 있는 불안상자 덕분에 무사
히 살아남을 수 있었어. 인간은 만물의 영장이라는데 그것도 살
아남은 다음의 이야기겠지.

이처럼 인류의 탄생과 함께 시작된 불안은 인류의 생존을 지
켜줄 중요한 본능이라고 할 수 있어. 불안이 없었다면 인류는 맥
없이 사라져버렸을지도 몰라. 우리를 긴장시키고 진땀 나게 하
는 불안이 밉기는 해도 이렇게 쓸 만한 구석이 있다니깐.

· · ·

사람이 아닌 다른 존재들은 불안에 어떻게 반응할까?
캐나다에서 구피라는 작은 물고기를 대상으로 실험을 했어.
상대적으로 용감한 녀석과 겁 많은 녀석 중 누가 생존에 유리할

지를 알아보고자 했지. 작은 자극에도 소스라치게 놀라는 구피와 어떤 자극에도 꿈쩍하지 않는 구피를 어항에 각각 따로 넣고 거기에 구피를 잡아먹는 배스라는 물고기를 넣었어. 그러고 나서 어느 쪽의 어항에 구피가 많이 살아남았는지 알아보았지.

용감한 구피가 더 오래 살아남았을 것 같지? 그렇지 않았어. 겁쟁이 구피가 더 오래 살아남았어. 그 이유는 겁쟁이 구피가 배스의 작은 움직임에도 놀라서 요리조리 피해다녔기 때문이야. 자신을 잡아먹으려고 다가오는 배스의 움직임에도 무덤덤했던 용감한 구피와는 다르게 말이지.

그러니까 불안은 위기의 신호이면서 동시에 지금 무언가 행동하라는 신호이기도 해. 불안 자체가 위기와 기회의 신호를 함께 보내는 거야. 불안은 살아남을 수 있는 기회가 되기도 하니까. 지금 뭔가 변화하지 않으면 위기가 닥칠 수도 있다는 것을 경고하는 것이고, 그래서 행동하고 변화한다면 살아남을 수 있다는 기회를 주는 것이지.

: : :

구피의 예에서 알 수 있듯 산에서 내려온 멧돼지를 보고 불안을 느끼는 사람은 그렇지 않은 사람보다 살아남을 가능성이 높을 거야. 또 시험을 앞두고 마냥 태평한 학생보다는 불안해하는 학생이 더 좋은 성적을 받을 가능성이 높겠지. 물론 지나친 불안은 오히려 방해가 되겠지만 적당한 긴장감은 꼭 필요해.

이처럼 위기이자 기회의 신호를 보내는 불안상자! 비밀을 알고 나니 '불안'도 굉장히 매력적인 친구 같지 않니?

인간으로 살아가면서 함께할 수밖에 없다면, 더욱이 우리의 생존에 꼭 필요하다면, 불안을 소중하게 생각해보는 건 어떨까? 불안은 건강한 사람의 모습이야. 불안에 둔감하다면 그것이야말로 건강하지 못하다는 증거가 아니겠어? 그리고 내가 지금 불안하다는 것은 내가 아직 변할 수 있다는 뜻이기도 해. 내가 나약해서 불안한 것이 아니라 나약하게 주저앉는 것을 거부하고 변화하고 싶다는 뜻인 거야.

혹시 지금 불안해하고 있니? 그렇다면 자신의 내면의 목소리에 귀를 기울여봐.

'행동해! 변화해!'

불안의 목소리가 들리는 것 같지 않니? 안 들린다고? 하하! 이제부터 불안의 목소리를 들을 수 있게 해줄게. 나, 마리아이는 《불안상자》를 통해 너희와 그런 이야기를 나누고 싶거든. 불안한 마음에 어떻게 귀를 기울여야 할지, 불안과 어떻게 마주해야 할지!

나의 불안은
무슨 색깔일까?

너희는 언제 불안을 느끼니? 매 순간순간이 불안하다고? 왜 아니겠니. 충분히 이해해! 사실은 나도 마찬가지니까. 그럼 우리 불안한 마음도 달랠 겸 잠깐 미술 작품을 감상해볼까? 뭉크의 〈생클루의 밤〉과 고야의 〈이빨 사냥〉이야.

먼저 뭉크의 〈생클루의 밤〉이야. 방 안이 많이 어둡지? 창으로 희미하게 빛이 비추고 있어. 창가에는 생각에 잠긴 듯 앉아 있는 남자의 실루엣이 보여. 너무 어두워서 절반 정도밖에 보이지 않아. 하지만 느껴져. 턱을 괴고 있는 저 남자, 어딘가 불안해 보이지 않니? 무슨 근심이 있어서 집 안에서 모자도 벗지 않고 어둠 속에서 저러고 있는 걸까?

뭉크, 〈생클루의 밤〉

　이 그림을 그린 뭉크는 평생을 불안이라는 주제에 몰두했던 화가였어. 그가 읽었던 수많은 책들 중 특히 키르케고르Kierkegaard 의 《불안의 개념》에는 여러 번 읽은 흔적이 남아 있었대. 그래서 인지 뭉크의 작품들은 현대인의 불안을 잘 표현하고 있어.

· · ·

　다음은 고야의 〈이빨 사냥〉이야. 오른쪽 남자의 목에 줄이 달려 있는 것 보이니? 맞아. 그 남자는 이미 죽었어. 그렇다면 왼

고야, 〈이빨 사냥〉

쪽 여자는 죽은 시체 앞에서 도대체 뭘 하는 걸까? 설마, 시체의
입안에 손을 집어넣은 거니? 꺄악~!

　당시 스페인에서는 교수형을 당한 남자의 이빨이 액운을 쫓
아준다는 미신이 있었다고 해. 따라서 그림 속 여자는 시체의
이빨을 뽑는 중이란 것이지. 그림의 제목처럼 '이빨 사냥' 중!
까치발을 하고서 공포에 떨면서도 이빨에만 집중하는 표정을
봐. 그런데 아무리 욕심이 나도 그렇지, 저렇게 시신을 훼손하
는 행동이 용납될 수 있을까?

　이 그림은 나쁜 짓을 하고 있는 사람의 불안을 잘 그리고 있

어. 여자가 고개를 돌리고 있는 것이 마치 자신의 부도덕한 행동을 애써 외면하려는 것처럼 느껴지지 않니? 마치 죽은 자가 자신이 누군지 알아보기라도 할까 두려운 것처럼 손수건으로 얼굴을 가리고 있어.

· · ·

〈생클루의 밤〉과 〈이빨 사냥〉은 불안을 묘사했다는 공통점이 있어. 하지만 두 불안은 다른 모습이야. 〈생클루의 밤〉에 등장하는 남자는 우울하고 슬퍼 보여. 반면 〈이빨 사냥〉의 여자는 슬픔보다는 공포와 긴장감이 느껴지거든. 이렇게 둘 다 불안을 느끼지만 불안의 색깔은 너무 달라. 그래서 불안을 '천의 얼굴'이라고 해. 사람마다 느끼는 불안의 색깔이 다르거든. 다시 말해 불안의 이유도 증상도 다 다르다는 이야기지. 다른 친구들은 불안을 뭐라고 생각했을까?

불안은 나에게 (지나친 브레이크)다.
왜냐하면 (조심하지 않아도 될 모든 말과 행동을 답답하게 구속하는 감정이기) 때문이다.

불안은 나에게 (일상)이다.

왜냐하면 (우리는 미래가 정해져 있지 않은 청춘이기) 때문이다.

불안은 나에게 (계단)이다.

왜냐하면 (불안을 극복하는 과정에서 더 멋진 나로 성장하기) 때문이다.

하지만 분명한 건 불안의 색깔은 제각각 달라도 불안이 닥쳤을 때 취할 수 있는 행동은 두 가지라는 거야. 불안에 맞서 싸우거나 불안으로부터 도망치거나. 그 선택은 오직 자신만이 할 수 있어. 좋은 선택을 하려면 당연히 불안에 대해 잘 알아야 하는 거고. 너의 불안은 무슨 색깔이니? 괄호 안에 한번 써보렴.

불안은 나에게 (   )이다.

왜냐하면 (   ) 때문이다.

내 마음의 숙제

어릴 때 〈쥐들의 회의〉라는 동화를 읽어본 적 있니?

어느 날 저녁, 쥐들이 모여서 어떻게 고양이와 맞설 것인가를 의논했어. 그중 세 마리의 우두머리 쥐가 있었는데 한 마리는 등이 노란색이고, 한 마리는 귀가 회색이고, 한 마리는 흰 수염을 기르고 있었지.

등이 노란 쥐가 말했어.

"이 방은 조금도 안전하지 않아요. 식빵을 먹으려고 방을 나가자마자 고양이한테 잡아먹힐 뻔했거든요. 불안하고 무서워 죽겠어요."

회색 귀의 쥐가 걱정스러운 듯 한숨을 쉬며 말했지.

"우리 어쩌죠?"

그러자 골똘히 생각하던 흰 수염 쥐가 말했어.

"고양이 목에 방울을 다는 거야. 고양이가 움직이면 방울이 바로 울리게 말이야. 방울 소리가 들리면 우리는 도망갈 시간이 생기는 거지."

쥐들은 좋은 생각이라고 맞장구를 치며 기뻐했어. 그러나 한 가지 걱정되는 부분이 있었지. 누가 고양이 목에 방울을 달 것인지 결정하는 문제였어. 등이 노란 쥐가 흰 수염 쥐에게 물었어.

"흰 수염 쥐야, 네가 할래?"

"난 안 될 것 같아. 너도 알다시피 난 빨리 뛸 수 없잖아. 방울을 달려면 동작이 빨라야 해."

흰 수염 쥐는 딱 잘라 말했어. 하는 수 없이 등이 노란 쥐는 회색 귀의 쥐에게 이야기했지.

"회색 귀의 쥐야, 넌 할 수 있니?"

"난 안 돼. 쥐덫에 끼여 다친 게 지금까지도 안 좋은걸."

고개를 절레절레 흔들며 등이 노란 쥐는 푸념 섞인 목소리로 말했어.

"그럼 누가 고양이 목에 방울을 달지? 어쨌든 누군가는 해야만 하잖아."

아무도 대답을 하지 않았어. 잠시 후 쥐들은 조용히 각자의 구멍으로 돌아갔어. 결국 쥐들의 불안한 상황은 조금도 달라지지 않았어. 이 쥐들은 불안한 상황이 닥칠 때마다 쥐구멍으로 도망가는 것밖에 하지 않았지.

• • •

사람은 누구나 불안한 상황에 맞닥뜨리면 마음속 비상 단추를 눌러. 뭔가를 하지 않으면 불안이 나를 삼켜버릴 수도 있기 때문이지. 그때 지금 닥쳐온 불안에 어떻게 대처할 것인지 선택을 하게 돼. 이 쥐들처럼 도망가는 것도 하나의 선택이라면, 불안에 맞서 싸우거나 하늘에 엎드려 비는 것도 선택이지. 불안의 비상 단추가 켜졌을 때 너희는 어떤 선택을 했어?

나 마리아이는 불안이 몰려오는 상황에 따라 그때그때 다른 선택을 했던 것 같아. 쥐들처럼 도망간 적도 있고, 불안에 엎드려 빌거나 맞서 싸운 적도 있어. 그런데 잘 생각해보니까 도망가거나 엎드려 빈다고 해서 불안한 상황이 해결되는 건 아니었어. 오히려 맞서 싸우고 나니까 내 마음속의 숙제가 하나씩 사라졌

어. 그런데 문제는 창피하게도 맞서 싸운 적보다는 도망 다닌 적
이 꽤 많다는 것이지. 헤헤.

• • •

한 아이가 있었어. 아이는 방학이 되자 너무나 즐거웠어. 집에
오자마자 책가방을 던져놓고 친구들과 놀러다니고 게임도 하고
수다도 떨면서 즐거운 시간을 보냈지. 하루는 아침 8시에 일어
나고, 다음날은 9시에 일어나고, 그다음날은 10시에 일어나면서
하루에 한 시간씩 밀려 낮과 밤이 바뀌는 경험도 했어. 그렇게
시간은 흘러 어느덧 개학 전날이 되었어.
　내일이 개학이네. 뭘 가져가야 하지?

이제야 방학식날 던져놓은 책가방을 살펴보았어. 어라, 방학 숙제가 있었네. 내일 개학이고 지금이 밤 9시이니까 방학 숙제를 할 수 있을…… 리가 없잖아!

악! 악! 어떡해. 형, 누나, 동생, 마리아이야, 내 숙제 좀 도와 줘~.

이 아이처럼 숙제를 안 해서 불안한 경험 있니?

독일의 정신과 의사인 프레더릭 펄스Frederick Perls는 불안을 '숙제'라고 생각했어. 복잡한 숙제를 보면 재깍 눈앞에서 치워버리고 싶을 때가 있잖아. 나중에 그 숙제를 마주하게 되면 골치가 아플 게 뻔하니까. 숙제를 미루다보면 어느 순간 엄두가 나지 않아 포기하게 돼. 언젠가 해야 할 숙제이기 때문에 찝찝함이 앞을 가리지.

• • •

사람의 감정도 마찬가지야. 불안도 예외일 수가 없어. 중요한 시험을 앞두고 "너 떨고 있니?"란 친구의 물음에 고개를 내저으며 부정하는 아이가 있었어. 분명 불안할 텐데 아니라고 잡아뗐지. 아이는 태연하게 어색한 웃음을 지으며 "그까짓 것 대수라고!" 꽤나 대담한 척을 했어. 하지만 속마음은 언제 터질지 모르는 불안이란 폭탄이 가득한 전쟁터였지.

시험에 대한 불안을 억누를수록 불안은 눈덩이처럼 커져갔어. 아이는 예전처럼 괜찮은 척 연기할 수도 없었고 공부에 집중할 수도 없었어. 결국 불안한 자신을 인정하고 어떻게 벗어날지 고민하게 되었지. 밀린 숙제를 해결하고자 하는 마음으로 말이야.

숙제를 못하면 자신을 탓하게 되는 것처럼, 우리의 마음속 저 깊은 곳에서는 불안을 자신의 책임으로 돌리려는 경향이 있어. 이 상황에서 불안해도 되는 걸까? 남들이 나약하게 바라보는 건 아닐까? 난 겁쟁이일까? 불안을 멀리하게 된 것도 어쩌면 불안한 자신의 모습에 대해 책임을 느끼는 것일 수 있어. 처음부터 불안해지려고 하는 사람은 없잖아? 그래서 어느 순간 찾아온 불안은 자연스러운 일상의 과정이고 일생을 통해 풀어나가야 할 숙제와도 같다고 하는 게 아닐까.

쇼펜하우어의
고슴도치 이야기

혹시 주변에 다른 친구에게 마음의 상처를 주는 아이가 있지 않아? 별것 아닌 일로 다른 친구들을 기분 상하게 하는 아이 말이야. 그렇게 나쁜 아이도 아니고 다른 아이를 괴롭히려는 것도 아닌데, 지내다보면 친구들에게 상처를 주게 돼. 가끔씩 튀어나오는 뾰족한 말투가 상대를 찌르는 가시가 되지. 그런 아이들을 보면 스스로를 지키려는 보호 본능이 강해서 마치 몸에 가시가 나 있는 듯한 느낌이야. 가까이 가면 그 가시에 찔릴 것만 같아.

당연히 그런 아이는 친구가 적을 수밖에 없지. 어쩌다 친구를 사귀어도 그 친구가 버티지 못한다고 할까? 의도가 나쁘지 않다고 해도 상처 주는 말을 많이 하면 친구들이 멀리하게 되는 거야.

때로는 상처 주는 말뿐만 아니라 공격적인 행동을 해서 스스로를 지키려고 해. 조금 어린 아이는 침을 뱉기도 해. 그러면 자연스럽게 친구들과 멀어지게 되고 결국 혼자가 되겠지. 특히 청소년기에는 친구와의 소속감을 쌓는 것이 아주 중요한데, 스스로 고립되면 친구들과의 유대감을 쌓지 못해 스스로도 마음의 상처를 받기 쉬워.

이런 아이들은 원래 보호 본능이 강하거나 아니면 과거에 상처받은 경험 때문에 스스로를 보호하기 위한 본능이 커졌을지도 몰라. 다른 사람으로부터 공격을 받았고 그래서 스스로를 지키

려 뾰족한 가시를 세웠는데, 이제는 그 가시 때문에 또 다른 사람들이 다가오지 못하는 것이지. 그리고 그런 일들이 반복되면 누군가 친근하게 다가오는 것마저 불안하게 여기게 돼. 무척 불편하고 어색하기도 하고 말이야.

· · ·

쇼펜하우어Arthur Schopenhauer라는 철학자가 있었어. 그는 혼자 밥 먹기의 원조라고 할 수 있어. 식당에 가면 2인분의 식사를 시켰어. 그러고는 자신이 1인분을 먹고 나머지는 자신의 반대편 자리에 놓았지. 먹지도 않을 식사를 왜 반대편 자리에 놓았느냐고? 다른 사람이 앉지 못하게 하려는 이유였대. 스스로 고립을 선택한 사람이었지. 그는 생각했어.

'다른 사람들과 꼭 인간관계를 맺어야 하는 걸까?'

'다른 사람과 관계를 맺다보면 상처받는데 왜 꼭 관계를 맺어야 할까?'

'아무도 만나지 않고 혼자 살아가면 안 되는 걸까?'

그런데 너무 오랫동안 혼자 있으면 외로워. 혼밥의 원조에게도 외로움은 피할 수 없는 괴로움이었어. 그래서 쇼펜하우어는

생각했지.

'혼자 오래 있으면 외롭고, 그렇다고 지나치게 가까우면 서로 상처 주게 돼. 어떻게 하면 좋을까?'

그는 고슴도치를 떠올렸어. 두 마리의 고슴도치가 있어. 고슴도치는 추워서 서로에게 다가가려고 해. 체온을 나누고 싶은 거야. 그런데 고슴도치는 서로 가까이 다가갈수록 가시에 찔리게 돼. 서로 가까이 다가가고 싶지만 가까이 갈수록 아프고 상처받아. 어떻게 하면 좋을까? 쇼펜하우어는 자신이 마치 고슴도치 같다고 생각했어.

쇼펜하우어는 적당한 거리를 유지해야 한다는 결론을 내렸어. 너무 가까워도 안 되고 너무 멀어도 안 돼. 적당한 거리를 유지하는 것이 인간관계의 답이라고 생각했어.

그런데 그거 알아? 실제로 고슴도치는 머리를 맞대고 잠을 잔대. 머리에는 가시가 없거든. 아무리 몸에 가시가 난 고슴도치라도 다른 누군가와 온기를 나누는 방법이 있는 거야. 고슴도치의 예에서 알 수 있듯 그 누구도 혼자서는 살 수 없다는 당연한 사실을 다시 한 번 확인하게 돼.

. . .

주위를 둘러보면 가시 돋친 친구들이 많아. 가시 돋친 말을 하고 센 척을 하지. 교실이라는 정글에서 살아남기 위해 일부러 그러기도 하고, 상처받고 절망하여 자신을 보호하기 위해 가시를 세우기도 해. 그런데 자신을 보호하기 위한 가시는 적으로부터 자신을 보호하지만 친구로부터 멀어지게 하기도 해.

적당한 거리를 유지하는 것도 중요하겠지. 너무 가까우면 상처 주고 너무 멀면 외로우니까 말이야. 쇼펜하우어는 적당한 거리를 유지하는 것이 답이라고 생각했지만 다른 방법도 있을 것 같아. 모든 동물들이 온몸에 가시가 있는 것은 아니잖아? 스스로를 보호하기 위한 무기 한두 가지를 가진 채 친한 무리와는 아주 가까운 거리를 유지하는 동물들이 더 많지. 고양이와 개는 인간과 가깝게 지내지만 나름 날카로운 발톱이나 이빨이 있는 동물이야. 나를 지킬 수 있는 무기는 있지만 가까운 사람과는 마음껏 친밀감을 나누는 것, 그런 방법이 더 좋을지도 몰라.

불안통도 성장통이라고!

　'불안' 하면 빼놓을 수 없는 노르웨이 최고의 예술가 뭉크Edvard Munch를 알고 있니? 맞아, 앞에서 나왔지? 바로 〈생클루의 밤〉을 그린 화가야. 이 아저씨는 폭력적이고 거친 아버지 밑에서 자랐는데, 다섯 살 무렵에는 폐결핵으로 어머니를 떠나보내야 했어. 거기다 열네 살 무렵에는 아끼던 누나와도 영원한 이별을 할 수밖에 없었지.

　그는 우울한 가정환경 속에서 불안의 고통을 겪어야만 했어. 사람들과 만나는 것조차 꺼릴 정도로 정신적으로 힘든 시간을 보냈지. 하지만 그의 작품은 많은 사람들로부터 호평을 받았고, 특히 〈불안〉은 지금까지도 큰 관심과 사랑을 받고 있어.

    • • •

    이처럼 심각한 불안은 사람의 능력을 저하시키지만 적당한 불안은 능력을 최고로 끌어올리는 원동력이 된대. 그러니까 시험과 같은 중요한 일을 앞두고 있을 때 적당한 불안은 최고의 결과를 만들어낼 수 있다는 거야.

    뭉크에게 불안은 시련의 일부였겠지만, 잠재력을 키워주는 수단도 되었어. 우리 삶에서 불안이라는 존재가 없었다면 이런 세계적인 거장을 만날 수 없었을 거야. 그리고 자극이 없다면 삶은 앞으로 나아가지 못하고 제자리를 맴돌게 되겠지.

뭉크는 이런 말을 했어.

"내 인생에서 두려움은 꼭 필요한 감정이었지만 동시에 아픔이기도 했다. 불안이나 질병이 없었더라면 나는 노도, 닻도 없는 난파선 신세였을 것이다."

불안이나 결핍을 느끼면 그것 때문에 못한다고 하는 사람들이 많지.

"나는 불안해서 도저히 못하겠어."

"나는 ○○○이 부족해서 절대 못하겠어."

그렇지만 반대의 경우도 많아. 불안하면 긴장하고 집중하게 돼. 그래서 더욱 큰 성취를 얻게 되지. 우리 엄마와 아빠를 봐. 늘 자식 걱정을 달고 살아. 자식을 제대로 키우지 못할까 불안해하고, 좋은 대학이나 좋은 직장을 잡게 해주지 못할까봐 불안해해. 그리고 그 불안을 이겨내기 위해 자식을 교육하고 먹이며 입히는 것에 더욱 매달려서 우리를 잘 자라게 이끄시지.

• • •

너흰 어때? 혹시 답안지에 답을 밀려 썼을까 불안했던 적 있니? 불안한 마음에 답안지를 뚫어져라 쳐다보았겠지? 그러다 잘못이 발견되면 '휴, 다행이다!' 가슴을 쓸어내렸을 거야. 자신을 괴롭히는 불안이 고맙게 느껴지는 순간이지. 과연 불안이 없었더라면 실수를 찾아낼 수 있었을까?

이처럼 불안은 그저 벌벌 떨게 만드는 불편한 존재가 아니야. 돌다리도 두드려보고 건너듯 불안은 위험이 도사리는 상황 속에서 경계를 늦추지 않도록 해주지. 즉 불안하기 때문에 우리는 신중해질 수 있고 더 꼼꼼하게 자신을 되돌아볼 수 있어.

우리가 10대라서 분명 더 불안하고, 불안에 더욱 흔들릴 수밖에 없을지도 몰라. 이런 우리를 가리켜 '질풍노도疾風怒濤의 시기'라고 하잖아. '질풍노도'는 엄청 빠르게 불어오는 강한 바람과 미친 듯이 닥쳐오는 파도라는 뜻이야. 그 한가운데 있다면 아무리 균형 감각이 좋은 사람도 정신을 차리기가 어려울 거야. 《혼란상자》에서 이야기했듯이 나와 세상이 이전과 다르게 보이고, 질문이 쏟아지고, 새롭게 정체성을 만들어가야 하는 시기이니까.

이때 불안통도 성장통의 하나가 돼. 누구나 이것을 겪으면서 자신이 성취해야 할 과업, 숙제들을 해결해나가게 돼. 그런데 불안을 쌓아두면 더 큰 불안을 낳을 뿐이야. 불안을 그때그때 해소하지 못하고 마음의 숙제로 남겨두면 자꾸만 불안으로부터 달아

나고 싶어지겠지. 그리고 그런 마음을 극복하지 못하면 20대, 30대 어른이 되어서도 영향을 받겠지.

자, 이제 나만 불안한 게 아니라는 걸 충분히 알았지? 제대로 맞짱 떠서 툭툭 털어버리거나 불안을 줄여서 좋은 친구처럼 함께 앞으로 나아가야 해. 어때, 불안과 맞짱 한번 떠볼까?

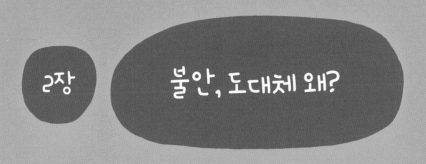

2장

불안, 도대체 왜?

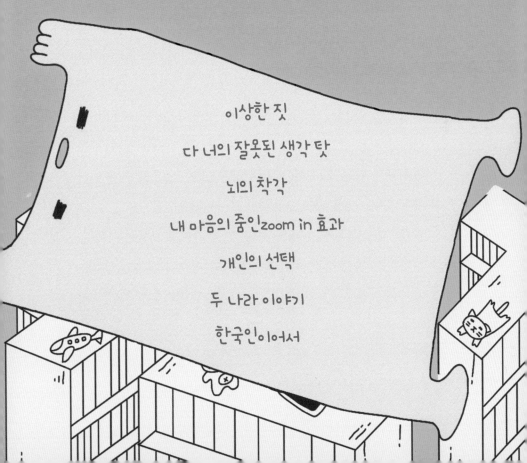

이상한 짓

    매일 아침 등굣길, 마리아이는 정말 이상한 광경을 보곤 해. 많은 여학생들이 마스크를 하고 학교에 오는 거야. 심지어 머리에 분홍 헤어롤을 만 채 오는 여학생도 있어. 저 멀리서 보니까 내 친구 민아는 오늘도 어김없이 흰색 마스크를 하고 등교를 해. 이런 민아를 처음 봤을 때는 '감기라도 걸렸나?' 하고 걱정했어. 그런데 이제는 알아. 감기와는 전혀 상관없다는 걸. 얼마 전에 아침마다 왜 마스크를 하고 오느냐고 물어봤거든.

    민아는 공부도 보통, 운동도 보통, 친구 관계도 보통인 아이야. 좋게 말하면 뭐든 중간은 한다는 것이고 나쁘게 말하면 잘하는 게 없다는 것이지. 민아는 그런 자신을 늘 만족스럽지 못하게 여

겼어. 특별하지 않다는 게 싫다나?

어느 날 민아는 친구를 따라 화장을 해봤대. 화장을 하고 교실에 가니 친구들의 눈빛이 달라졌다고 해. 뭔가 다른 아이가 된 기분, 민아는 그때의 그 느낌이 참 좋았대.

그렇게 화장에 관심을 갖기 시작한 이후 민아의 아침은 늘 바빠. 화장뿐만 아니라 앞머리에도 신경 써야 하거든. 마음먹은 대로 앞머리가 잘 되면 기분이 좋은데 그렇지 않으면 짜증이 난대. 습도가 높은 날은 아무리 아침에 앞머리가 잘 되더라도 금방 풀려서 하루 종일 신경 써야 하고. 아무튼 앞머리에 신경 쓰다보니

바쁜 아침에는 화장할 시간이 부족하고, 그래서 민아는 오늘도 마스크를 하고 학교에 오는 거야.

그래, 민아가 오늘도 마스크를 하고 학교에 오는 이유는 화장을 안 했기 때문이야. 아, 정말 여자아이들의 심리란 이해할 수가 없어!

. . .

그런데 오늘 아침에는 더 웃긴 광경을 봤어. 매일 보는 일이긴 하지만. 민아보다 저만치 앞에 가는 어떤 여학생이 검은색 마스크를 하고 분홍 헤어롤로 앞머리를 만 채 등교를 하는 거야. 내가 아는 3학년 누나였어.

'검은색 마스크라니, 역시 3학년이야!'

언젠가 민아의 하루를 가만히 지켜봤어. 등교를 하고 1교시까지는 마스크를 한 상태였어. 급히 등교하느라 화장할 시간이 없었던 것이지. 그러다 2, 3교시가 되니까 슬슬 기초 메이크업을 하더라고. 4교시에는 수업 시간이지만 과감히 색조 화장에 들어갔지. 수업 시간에 화장을 하면 뭐라고 그러는 선생님들이 많지만 어쩔 수 없어. 왜냐하면 점심시간 전에 화장을 끝내야 하기 때문이라는 걸 난 알거든. 전교 학생들이 모이는 급식실에 화장을 하지 않고 갈 수는 없지.

화장은 하교 전에 한 번 더 고치고 앞머리는 하루 종일 신경을 써. 오늘은 체육시간도 있어 땀을 흘렸는데 교실에 들어오자마자 앞머리를 한 번 감아서 말리는 거야. 거짓말 좀 보태서 하루 종일 헤어롤을 말고 있어. 헤어롤이 마치 몸의 일부가 된 것 같았지. 그깟 앞머리가 뭐라고! 그 우스꽝스러운 모습을 하고 있는지!

그뿐만이 아니야. 민아는 헤어롤을 만 채 수업을 듣고, 버스를 타고, 거리를 누비고 다녔어. 이런 민아의 모습이 낯선지, 하굣길 버스에서 만난 어떤 남학생이 민아 앞머리에 매달린 헤어롤을 보고 묻는 거야. 헉! 나도 못 물어본 것을. 그 용감한 남학생에게 박수를 보내고 싶은 심정이었지.

"그 헤어롤 뭐니? 왜 만날 하고 다녀? 너에게 앞머리란?"

그러자 민아랑 같이 있던 다른 여학생들이 눈을 동그랗게 뜨고 그 남학생을 쏘아보더니 합창을 하는 거야.

"생명이지!"

그래, 그쯤 되면 생명이나 마찬가지겠다. 인정! 인정!

• • •

다른 친구 이야기를 더 해볼게.

"난 상ㅌㅊ하고 넌 하ㅌㅊ하지 ㅇㅈ? 어 ㅇㅈ."

무슨 말인지 알겠어? 그래, 급식을 먹는다면 알 수 있겠지(10대 가 아닌 분들을 위한 해석. 난 상타치하고 넌 하타치하지 인정? 어, 인정. 다시 말해 '난 잘났고 넌 못났다. 인정하는가? 그래, 인정한다'라는 뜻).

한 평범한 아이가 있었어. 이 아이도 튀고 싶었지. 어느 날 아 이는 신문물을 발견했어. 급식체 언어유희, 즉 말만 재미있게 잘 해도 교실에서 주인공이 될 수 있다는 것을 깨달았지. 그리고 아 이는 급식체를 재미있게 구사하며 인기를 끌었고, 급식체는 다 른 아이들에게도 전파되었어.

A : 요 기모띠 왔어?

B : 나 기모띠 아닌데?

A : 그래 기모띠 아니니까 안 기모띠~.

B : 이런 오지는 녀석을 보게.

A : 내가 좀 오지고 지리고 렛잇고하지. 인정?

B : 어, 인정.

뭔 소린지 모르겠다고? 아니, 교실에서 흔히 듣는 말이라고?

급식 먹는 아이들만 알아들을 수 있다는 뜻으로 급식체라고 불러. 사실 자기만의 언어유희를 하는 것은 모든 세대들의 공통점이야. 언어유희는 거의 본능에 가까운 것이지. 지금은 언어유희 자체를 이야기하려는 게 아니라 그 속에 숨어 있는 욕구를 이야기하려는 거야.

앞머리를 생명이라고 생각하는 민아나 오지고 지리고 렛잇고 한 아이나 기본 동기는 인정받고 싶은 마음이었어. 그 동기를 충족하기 위해 화장이나 헤어롤로 시선을 끌거나 언어유희라는 비교적 안전한 방법을 사용한 것이 차이라면 차이지. 어른들은 공부하라고 하지만 공부로 인정받는 것은 한 반에 고작 몇 명 정도야. 운동도 마찬가지고. 이도 저도 아닌 아이들은 나름대로의 욕구 충족 수단을 만들어내는 수밖에 없지.

다 너의 잘못된 생각 탓

이 친구들의 마음을 엿보고 있자니 어린 시절 읽었던 백설공주 이야기가 생각나. 매일 거울한테 "거울아, 거울아, 이 세상에서 누가 가장 예쁘니?" 하고 물었던 왕비, 너희도 알지? 이 질문에 거울은 "왕비님입니다"라는 대답 대신 "백설공주입니다"라고 대답했지. 화가 난 왕비는 백설공주를 없애버려야겠다고 마음먹었어.

어린 시절 이 이야기를 처음 읽었을 때는 왕비가 잘못한 거라고 생각했어. 그런데 조금 시간이 지나니 거울도 말 참 밉게 한다는 생각이 들었어.

거울은 진실을 이야기했어. 그런데 왜 거울 잘못이냐고?

한 연인이 있었어. 하루는 여친이 이렇게 물었어.

"남친아, 남친아, 이 세상에서 누가 가장 예쁘니?"

남친은 어떤 대답을 해야 할지 고민돼.

'이번 신입생 중에서 ○○이라고 알아? 왜 다리 길고 얼굴 하얀 애 있잖아. 그래 걔. 난 사실 그 애가 세상에서 가장 예쁘다고 생각해.'

여친에게 이렇게 말하면 어떻게 될까?

뭐? 아직도 왕비의 거울은 잘못이 없다고 생각한다고?

• • •

약 2천 년 전 고대 그리스의 철학자 에픽테토스Epiktētos는 이렇게 말했어.

'다 네가 잘못 생각해서 그런 것이다.'

조금 더 정확히 말하면 에픽테토스는 사람은 자신의 '마음의 창'으로 세상을 본다고 했어. '마음의 창'은 바로 신념인데, 그러니까 자신이 세상을 바라보는 시각, 고정관념, 사고방식, 편견, 가치관 같은 것들이라고 보면 돼.

'거짓은 잘못된 것이고 진실은 옳은 것이다. 그러니까 반드시 진실을 이야기해야 한다. 그러니까 왕비의 거울은 잘못한 것이 없다.'

이런 것을 합리적 신념이라고 할 수 있지.

그리고 우스꽝스러운 분홍 헤어롤을 하루 종일 만 채 다니는 민아는 이런 생각을 했을 거야.

'나는 인정받아야 한다. 인정받지 못하면 가치 없는 사람이다. 나는 알고 있는 모든 사람들로부터 사랑받고 인정받고 이해받아야만 가치 있는 사람이다.'

이런 인정 욕구는 사실 우리 또래 사이에서는 흔하다고 할 수 있지.

너희도 인정받지 못한다는 불안감에 자신과 세상을 착각 속에서 바라보고 있지는 않니? 결국 인정받지 못할 것에 대한 두려움, 반드시 인정받아야 한다는 잘못된 신념, 거기서부터 불안이 시작되는 경우가 많아. 우리가 잘못 생각하는 것을 몇 가지 더 이야기해볼게. 이것을 좀 어려운 말로 '비합리적 신념'이라고 해. 헉! 비합리적 신념, 너무 어려운 말 같지? 그냥 우리 '잘못된 신념'이라고 하자.

1분 남았다

나는 그(그녀)에게 데이트 신청하는 것이 두렵다.

(왜냐하면 거절당한다는 것은 인정받지 못한다는 것이며, 인정받지 못한다는 것은 내가 최악이란 뜻이기 때문이다.)

내가 이번 시험을 잘 못 본다면…… 최악이다.

(내가 하려던 일이 내 마음대로 되지 않는다는 것은 아주 비참한 일이다.)

엘리베이터를 타는 것이 불안해. 내가 엘리베이터를 타면 고장이 날 거야.

(위험하고 두려운 일은 언제든 일어나게 되어 있다.)

헉, 시험에서 답을 밀려 썼다. 난 최악인가봐.

(완벽하고 늘 성공해야 인정받고 가치가 있는데, 나는 그렇지 않다.)

• • •

2천 년 전 철학자는 다 네 생각 탓이라고 했고, 현대 심리학자는 이것을 조금 더 구체적으로 구분했어. 앨버트 엘리스Albert Ellis라는 심리학자가 있는데, 이 사람은 완벽주의 혹은 잘못된 신념이 사람을 불안하게 한다고 했지. 그는 잘못된 신념을 열한 가지로 정리했어.

하나. 나는 모든 사람으로부터 사랑받아야 한다.

둘. 우리는 강한 누군가에게 의존해야 한다.

셋. 다른 사람의 어려움에 가슴 아파해야만 한다.

넷. 나쁜 사람들은 반드시 비난과 처벌을 받아야 한다.

다섯. 사교적이고 성공을 해야 가치 있는 사람이다.

여섯. 어떤 문제든 가장 완벽한 해결책이 있으며, 이것을 찾지 못하면 큰일이 난다.

일곱. 내가 바라는 대로 일이 되지 않는 것은 매우 슬프고 끔찍한 일이다.

여덟. 불행한 일은 의지와 상관없이 발생하며, 누구도 통제할 수 없다.

아홉. 인생의 어려움과 책임을 직면하는 것보다 회피하는 것이 더 쉽다.

열. 위험과 두려운 일은 늘 일어날 수 있으며, 큰 걱정거리다.

열하나. 과거의 경험이 현재의 행동을 결정하며, 우리는 과거의 영향에서 벗어날 수 없다.

어때, 이것들 중에서 너희에게 해당하는 것이 있어?

뇌의
착각

앞에서 이야기한 잘못된 신념이나 완벽주의, 편견 때문에 불안이 생길 수 있어. 반드시 해야 한다고 생각했지만 사실 현실에서 '반드시'를 지키기는 어렵잖아. 그러니까 반드시 하지는 못할 것 같아서 불안한 거야.

그런데 이렇게 말하는 사람들이 있어.

"잘못된 신념, 완벽주의, 편견은 나쁜 것이지. 그렇게 생각하다 보면 불안할 수도 있어. 그런데 나는 완벽주의나 편견이 없어. 왜냐고? 나는 슈퍼 초천재니까 말이야. 우후훗!"

네 중학교 2학년 친구가 늘 하는 말이라고? 으이구!

　　　　・・・

　　아주 옛날 사람들은 영혼이 있다고 믿었어. 사람의 마음은 가
슴이나 심장에 있다고도 생각했어. 한문으로 마음 심心 자가 있
어. 이 글자는 심장을 뜻하는 거야. 그러니까 심장이 곧 마음이
라는 것이지. 감정이 심하게 흔들릴 때 심장이 두근거리잖아. 긴
장하거나 충격적인 일을 겪을 때도 그렇고. 그러니까 마음의 근
원이 심장에 있다고 생각한 것도 큰 무리는 아니지.

　　근대에 들어와 의학이 발전하면서 뇌에 대해 알게 되었어. 그
러면서 한때는 뇌가 우리의 감정, 사고, 생각의 모든 것을 좌우
한다고 생각했어. 마치 컴퓨터의 중앙 처리 장치처럼 온몸에서

받아들인 정보는 뇌로 전달되고, 뇌는 모든 것을 판단해서 다시 몸에 명령을 내린다고 말이야. 그리고 마음은 오직 뇌에 달렸다고 믿었지. 뭐 과학적으로 보면 사람 몸의 판단과 명령의 중추는 뇌와 척추 속에 있는 신경인 척수가 담당해.

그렇지만 우리의 마음, 감정과 사고, 신념을 '뇌'만 가지고 이야기할 수는 없어. 사실 우리의 뇌도 완벽한 기관은 아니거든. 뇌도 실수를 많이 해. 뻔히 눈으로 본 것도 잘못 기억하고 착각도 잘 하고 분위기만 조금 바꿔주면 홀랑 넘어가기 일쑤야. 고정관념, 편협한 생각투성이지. 분위기나 환경은 또 왜 그렇게 타는지 몰라.

· · ·

신기한 이야기 하나 들려줄게. 심장에 문제가 있어서 이식수술을 받지 않으면 살 수 없는 환자가 있었어. 심장은 우리 몸에 하나밖에 없고 심장이 멈추면 죽는데 심장을 구하기 쉬울 리가 없지. 심장은 뇌가 죽고 심장만 간신히 기능하는 뇌사자에게서 기증을 받아. 아무튼 그 환자는 심장이식만을 기다렸고, 드디어 그 기회를 잡았어. 그는 심장이식수술이 무사히 끝나서 다시 건

강하게 살게 되었지.

그런데 수술 후 환자의 성격에 변화가 일어났어. 몹시 활달해진 거야. 물론 큰 병을 앓고 나면 성격이 바뀌기도 해. 그런데 이 사람은 성격이 좀 심하게 변했어. 독서를 즐기던 사람이 자전거를 타고 산꼭대기를 오른다거나 철인 삼종 경기에 출전하는 등 좀 심하게 변해버린 것이지. 나중에 알게 된 사실인데, 이 사람이 이식받은 심장의 원래 주인의 취미가 바로 그런 것들이었대.

여러 가지 해석이 가능하겠지만, 아무튼 하고 싶은 말은 요즘 심리학에서는 나의 생각은 '뇌'뿐만 아니라 몸, 환경 등도 함께 고려한다고 해. 그러니까 우리의 뇌, 몸, 환경이 우리의 마음에

영향을 주고, 뇌의 착각을 일으키는 잘못된 신념도 그래서 생겨
난다는 것이지.

왜 이런 이야기를 하느냐고?

뇌라는 것도 착각하기 쉽다는 거야. 내가 가진 신념이나 생각
도 뇌가 하는 건데, 뇌 자체가 실수를 한다면 내가 가진 신념이
나 생각 역시 처음부터 완벽하긴 어렵다는 것이지. 그래서 우
리는 편견이나 잘못된 생각에 얼마든지 빠질 수 있어. 그리고
그런 잘못된 생각은 우리를 불안 속으로 밀어넣을 수도 있고
말이야.

내 마음의 줌인zoom in 효과

너희 혹시 이런 경험을 한 적 있어?

주말 오후에 영화관에서 친구를 만나기로 했어. 영화관에 도착해서 친구를 찾느라 고개를 두리번거리면 그 많은 사람들은 하나도 보이지 않고 친구의 모습만 보여. 남친 또는 여친일 때는 더욱 그렇지. 이것은 우리의 관심 대상이 그렇게 만드는 거라고 보면 돼. 한 가지에 사로잡히거나 집중하게 되면 나머지는 사라져버리지.

왜 영화에서 그런 표현 많이 하잖아. 전쟁 영화에서 화살이 주인공에게 날아오면 그 화살만 크게 보이고 나머지는 뭔지도 모르게 스쳐 지나가잖아. 로맨스 영화에선 헤어졌던 연인이 만나

는 장면에서는 사람이 아무리 많은 광장이라도 마치 두 사람만 있는 듯 카메라가 두 사람 주변을 빙글빙글 돌아. 그런데 그게 감독이 오버하는 것이 아니라 실제로 사람들은 그렇게 세상에 둘만 있다고, 전경만 남고 배경은 싹 사라진 것처럼 느낄 수 있다는 거야.

불안도 마찬가지야. 우리가 불안에 사로잡히면 그 불안한 마음이 점점 커져서 눈덩이처럼 불어나. 내가 불안의 노예가 되어 불안에게 사로잡히게 되는 것이지.

• • •

중국 기나라에 항상 걱정을 달고 사는 사람이 있었어.

어느 날 이 사람은 걱정을 가득 안은 채 집을 나섰어. 그 순간 집 앞 감나무에서 덜 익은 열매가 툭 하고 떨어졌어. 놀란 기나라 사람은 걸음아 나 살려라 하고 방 안으로 뛰어들어가 이불을 뒤집어쓰고 벌벌 떨었지. 그 후로 그는 자취를 감추었어.

걱정이 된 친구가 그를 찾아왔어. 그는 핏기 없는 얼굴에 뼈만 앙상한 모습이었어. 친구가 놀라서 물었어.

"무슨 걱정이 있기에 식사도 제대로 못하는가?"

기나라 사람은 울먹거리며 대답했어.

"친구여, 하늘이 무너지면 어떻게 하지?"

친구는 그의 등을 토닥이며 말했지.

"하늘은 공기로 이루어져 있어. 숨을 쉴 때마다 들어갔다 나왔다 하는 바로 그 공기 말이야. 그래서 하늘은 지붕처럼 무너지지 않아."

기나라 사람은 안도의 한숨을 내쉬었어. 그러나 얼마 지나지 않아 또 다른 걱정에 사로잡혔지.

"혹시 땅이 무너지기라도 하면 어떻게 하지?"

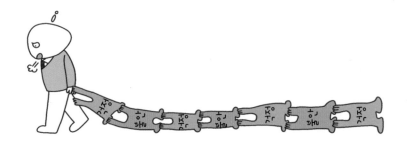

친구는 답답함을 꾹 참고 조곤조곤 이야기해주었어.

"땅은 흙덩이가 모여 이루어진 것인데 어떻게 무너질 수 있겠는가? 무너질 틈 없이 단단하니 걱정 붙들어매게."

사람들은 이런 걱정 많은 기나라 사람의 모습에서 '기우杞憂'라는 단어를 떠올렸고, 쓸데없는 걱정을 한다는 의미로 사용하기 시작했지.

걱정도 불안도 꼬리에 꼬리를 무는 것처럼 한없이 이어지기도 해. 확인되지 않는 상상 속에선 더욱 그렇지. 현실과 동떨어진 걱정거리로 몸살을 앓게 되는 것처럼 말이야. 그러나 그 걱정과 불안의 실체를 직접 눈으로 보게 되는 순간, 기우에 지나지 않았음을 알게 돼. 그럼 막연했던 걱정과 불안이 확신과 안심으로 다가오게 되겠지.

어쨌든 지금 불안에 사로잡혀 있다면 혹시 내가 그 걱정에 습격당한 것은 아닌지 돌아볼 필요가 있어. 걱정이란 한번 시작하면 내 마음속에서 점점 커져가는 속성이 있거든. 걱정이 걱정을 부른다고 할까? 이런 상황이라면 정말 우리는 일어나지도 않은 일에 대한 쓸데없는 걱정을 하는 거잖아.

· · ·

너희도 아직 일어나지 않은 일에 대해 걱정하고 불안에 떨어본 적이 있지? 작은 실수나 잘못에 집착하여 불행한 결과가 나오지나 않을까 두려운 적도 있을 거야. 평화로운 세상의 모습보다 나무, 열매, 하늘, 해와 달, 땅이란 위험 요소에 주목했던 기나라 사람처럼 말이야. 결국 쓸데없는 걱정, 기우에 불과한 일들에 쫓기다보면 보아야 할 것을 못 보고 비워야 할 것을 움켜쥐게 돼. 이별, 성적 하락, 실패, 볼품없는 외모, 잘난 것 없는 배경 등이 그거야.

'장님 코끼리 만지는 격'이라는 말이 있어. 전체를 보지 못하고 자기가 경험한 일부분만을 가지고 전체를 평가하는 오류를 말하는 거야. 이를 줌인zoom in 효과라고도 해.

옛날 인도의 경면왕이 코끼리라는 동물의 생김새를 가르쳐주

기 위해 장님들을 궁궐로 불렀어. 신하를 시켜 코끼리를 데려오게 한 다음 장님들에게 만져보도록 했지. 한참 후 경면왕은 장님들에게 "이제 코끼리가 어떻게 생겼는지 알겠느냐"고 하며 한 사람씩 말해보라고 했어.

상아를 만져본 사람은 "커다란 무"처럼 생겼다고 말했고, 머리를 만져본 사람은 "바위", 코를 만져본 사람은 "방앗공이", 다리를 만져본 사람은 "기둥", 등을 만져본 사람은 "침상", 배를 만져본 사람은 "항아리", 꼬리를 만져본 사람은 "새끼줄"처럼 생겼다고 대답했어.

이렇듯 자신과 세상을 바라보는 카메라를 유연하게 조절하지 못하면 일부 기대에 못 미치는 것들을 전부인 양 판단해버리게 돼. 그래서 좌절하게 되고 쉽게 불안해지며 자신과 세상을 부정적으로 생각할 수 있어. 나를 넘어지게 만든 뿌리를 가지고 든든한 그늘이 되어주는 나무를 비난할 수 없는 것처럼, 살면서 마주하게 되는 걸림돌을 가지고 삶 전체를 부정할 수 없는 것이지.

빛과 어둠, 성공과 실패처럼 세상 모든 것에는 저마다 양면성이 있어. 그런데 만족스럽지 않은 모습만을 고집한다면 그 수렁에서 벗어날 수 없어. 줌인의 강박관념에서 벗어나 줌아웃의 여유가 필요할 때야.

개인의
선택

'네 잘못된 생각 때문에 불안한 거야. 네가 생각만 바르게 하면 불안은 사라질 거야.'

누군가 이렇게 말하면 뭔가 억울하지 않아? 전부 내 잘못이라는 생각도 들고 말이야. 사실 불안은 나의 생각 때문에 생기기도 하지만 내가 살고 있는 시대와도 관련이 있어.

어느 대학 화장실에 이런 낙서가 쓰여 있더래.

'신은 죽었다.' _니체

며칠 후 그 글 밑에 누군가가 이런 답글을 썼어.

'니체는 죽었다.' _신

그리고 다시 며칠 후 또 답글이 달렸어.

'위에 글 쓴 니들 다 죽었어.'_화장실 청소부

음, 좀 썰렁하니? 아니, 많이 썰렁하다고? 그래도 이해해줘. 니체의 '신은 죽었다'는 이야기를 들려주려고 그랬어.

니체Nietzsche는 독일의 유명한 철학자야. '신은 죽었다'는 그가 한 유명한 말인데, 혹시 너희 들어봤어? 니체는 왜 이런 말을 했을까? 신은 늙지도 죽지도 않는 존재라고 알고 있는데, 사람처럼 죽는다니 이상하지 않니?

지금도 신을 믿고 신앙을 가진 사람이 많지만, 몇백 년 전 중세 유럽에서 살던 사람들은 신이 인간의 삶을 결정한다고 생각

했어. 길가의 풀 한 포기, 아침에 눈을 뜨면 비추는 햇살, 심지어 인간도 신의 작품이라고 생각했거든. 특히 인간이 신에게 가장 사랑받는 작품이라고 믿었지.

중세 유럽 사람들은 먹을 것이 없어서 죽기도 했고, 전염병이 돌아서 수백 명씩 죽는 경우도 있었지만 살면서 불안하지 않았어. 신기하지 않아? 그들이 가장 많이 가졌던 감정은 놀라움이었대. 이 세상 모든 것, 삶과 죽음은 신의 뜻이라고 생각했기 때문에 사는 것도, 병드는 것도, 죽는 것도 신이 이유가 있어서 인간에게 주는 것이라고 생각하면 불안한 이유가 없는 것이지.

그런데 이런 신에 대한 믿음을 의심하는 사람들이 나타났어. 데카르트René Descartes는 의심쟁이여서 늘 의심하라고 말했대. 그렇게 의심의 눈으로 보니 신이 있다는 것을 믿기 어려웠겠지. 17세기에는 과학혁명이라고 부를 정도로 과학이 급격히 발전했어. 그리고 기존에 신이 그랬다고 하던 것들의 반대 이론들이 줄줄이 나왔지. 그때 니체가 '신은 죽었다'라고 선언한 거야.

• • •

예전에 왕이 다스리던 시대에는 '내가 곧 신'이라는 왕들이 있었지. 왕의 뜻은 곧 신의 뜻이었고 무조건 복종해야 했어. 하지만 시대가 변하고 정치가 발전하면서 권력은 왕에서 점점 개인에게로 옮겨졌어. 대한민국은 민주주의 국가잖아? 국민이 주인이라는 뜻이야. 그래, 이제 모든 것을 결정해주는 신도 없고 왕도 없어. 무조건 그분 뜻대로만 살면 되는 삶, 그저 놀랍고 감사하고 따르기만 하면 되는 삶은 없어. 그 대신 자유를 얻었지.

자유는 자기 삶은 자기가 알아서 살아라, 너의 자유라는 거야. 물론 자유에는 책임이 따르지. 어떻게 살든 상관없지만 그에 대한 책임은 스스로가 져야 해.

예전에는 왕이 죽여라 하면 신하들이 바로 칼을 뽑았겠지. 그런데 지금은 '대통령이 시켜서 그랬어요'라고 말해도 잘못된 일이었다면 감옥에 가야 해.

옛날에 신이 시키는 대로 살던 때에는 살기가 힘들면 신을 원망하면 되었어.

"신이시여, 어째서 저에게 이런 시련을 주시나이까!"

그리고 그 답은 정해져 있었어.

"너는 모르지만 네가 그런 일을 겪는 데는 다 신의 큰 뜻이 있는 거야."

내가 잘못한 게 아니라 다 신의 뜻이라 생각하고 체념하고 살면 되었어. 살다가 힘든 일을 겪는 것도 내가 원한 것도 아니고, 내가 선택한 것도 아니니까 책임질 필요도 없었어. 미래에 무슨 일이 일어날지 걱정할 필요도 없었어. 좋은 일이 일어나든 나쁜 일이 일어나든 그것은 다 신의 뜻이었으니까. 그러니 무슨 걱정과 불안이 있었겠어.

• • •

요즘은 어때? 누가 선택을 해? 바로 나 자신이야. 내 삶을 스스로 선택하는 거야. 어느 고등학교에 갈 것인지, 어느 대학교에 갈 것인지 또는 안 갈 것인지, 어떤 이성을 만날 것인지, 결혼을 할 것인지 또는 안 할 것인지, 결혼을 한다면 언제 어디서 누구와 할 것인지, 결혼을 하고 나선 아이를 낳을 것인지 또는 안 낳을 것인지……. 선택은 끝이 없어.

그런데 그 모든 선택을 누가 하느냐고? 내가 알아서 해야 해. 고민 끝에 선택을 했는데, 그 선택이 틀렸다면 어떻게 해야 할까? 내가 한 선택이니까 물론 책임도 내가 져야 해.

우리는 살면서 끊임없이 선택을 해. 매 순간이 선택의 연속이지. 우리는 개인의 선택 시대에 살고 있거든. 선택의 자유가 있다는 것은 얼핏 들으면 좋은 말 같지만 꼭 그렇지도 않아. 선택의 자유 때문에 불안이 생길 수도 있기 때문이지. 그래서 흔히들 우리는 불안의 시대에 살고 있다고 말하기도 해.

두 나라 이야기

불안이 역사에 따라 달라진다면 당연히 사회에 따라서도 달라지겠지? 혹시 《행복한 청소부》라는 그림책을 읽어봤어? 거리의 표지판 닦는 일을 오랫동안 해왔던 독일의 한 청소부 아저씨의 이야기야. 이 아저씨가 매일 닦는 표지판에는 모차르트, 베토벤 등 유명 음악가들의 이름과 괴테, 브레히트 등 유명 작가들의 이름이 적혀 있었어. 하지만 아저씨는 그들이 누구인지 잘 몰랐지.

어느 날 한 아이가 엄마와 나누는 이야기를 듣고 아저씨는 자신이 매일 닦는 음악가들과 작가들에 대해 알아야겠다고 생각하고 그때부터 그들의 음악을 듣고 책을 읽으며 공부를 했어. 그리고 공부한 내용을 스스로에게 강의했는데 사람들이 이를 듣게 되면서 청소부 아저씨는 유명해지고, 대학에서 강의를 해달라는 제안까지 받았어. 하지만 아저씨는 모두 거절하고 자신에게 만족하며 자신의 자리를 지킨다는 무척 감동적인 이야기야.

그런데 이 책을 읽으면서 몇 가지 의문이 생겼어. 청소부 아저씨가 일하는 사회는 어떤 사회일까? 사회적 배경을 무시하고 '직업에는 귀천이 없다' '어떤 직업이라도 자신이 처한 상황에서 만족하는 것이 중요하다'라고 말할 수 있는 걸까? 만약 '저임금+열악하고 위험한 환경+사회적 무시' 이런 상황이었다면 그래도 아저씨는 청소부라는 직업에 만족할 수 있었을까? 그런데도 만족해야 하는 걸까?

• • •

자, 이제 서로 다른 두 나라를 상상해보기로 해.

A나라는 경쟁이 치열하고 직업의 귀천이 뚜렷해. 마치 《꽃들에게 희망을》에 나오는 기둥처럼 사람들이 밟고 밟히며, 어딘지도 모르는 정상을 향해 오르고 또 오르는 삶을 살고 있는 나라. 한번 밟히면 끝내 오를 수 없고, 위아래가 분명해서 아래로 갈수록 차별을 당해. 밟히지 않기 위한 방법은 한 가지, 내가 끊임없

이 다른 사람을 밟는 거야.

 B나라에도 다양한 직업이 있어. 하지만 아무도 어떤 직업은 귀하고 어떤 직업은 천하다고 생각하지 않아. 모든 직업이 그 나름의 가치를 가지고 있다고 생각하지. 물론 이 나라에도 직업에 따라 소득의 차이는 존재해. 하지만 고소득자는 많게는 수입의 50퍼센트 이상까지 세금을 내고, 저소득자는 적은 소득에도 불편하지 않을 만큼 많은 복지 혜택을 나라로부터 받아. 교육과 의료는 누구나 무상으로 누릴 수 있어. 고소득자들이 그만큼 많은 세금을 내기 때문에 가능한 일이지.

 그렇다면 B나라에서는 누구나 대학을 가려고 할까? 그렇지 않

아. 대학은 정말 공부에 흥미와 능력이 있고 적성에 맞는 사람만 선택해. 그럼 힘들게 노력해서 소득의 반 이상을 세금으로 내는 사람들은 억울하지 않을까? 그렇지 않다고 해. 자신도 그런 혜택을 받으며 살아왔고, 함께 살아가기 위해서는 당연히 해야 할 일이라고 생각하지.

. . .

왜 두 나라의 이야기를 하냐 하면 우리의 행복이나 불안은 지금 우리가 처한 사회 상황과 관련이 있다는 이야기를 하고 싶어서야. 이를테면 골목길에서 깡패를 만났어. 돈을 빼앗겼어. 그런데 그 길을 마저 걸어서 집에 가야 해. 그럼 불안할까, 그렇지 않을까? 이런 불안은 나의 문제가 아니라 사회적인 문제로 생기는 불안이라는 것이지.

질문을 하나 할게. 어떤 사람이 아파트에서 살고 있었어. 그 아파트는 집에서 문을 열고 나오면 복도가 있고 복도에는 가슴쯤 오는 난간이 있어. 난간에서는 아파트와 그 주위를 다 볼 수 있지. 하루는 난간에서 아래쪽을 보는데 이런! 살인 사건이 벌어졌네. 깜짝 놀라서 살인자를 바라보는데, 마침 주위를 두리번거리던 살인자와 눈이 딱 마주쳤어. 그 사람은 얼어붙고 말았지.

그때 살인자가 손가락을 하나 들더니 까딱거리기 시작했어. 왜일까? 왜 손가락을 까딱거릴까? 나보고 자기한테로 오라는 소린가? 그 사람은 별별 생각이 다 들었어.

너희는 살인자가 왜 손가락을 까딱거렸을 거라고 생각해? 정답은 바로 목격자가 서 있는 층수를 세는 중이었던 거야. 무섭지 않아? 그래, 무서워. 이렇듯 갑작스러운 상황에서 맞닥뜨린 깡패나 범죄자 등도 나의 불안에 영향을 줄 수 있어.

한국인
이어서

어느 나라에 사느냐에 따라 각자 불안을 느끼는 부분이 달라지기도 해.

한 외국인이 우리나라에 여행을 왔어. 동양의 작은 나라치고는 역사도 오래되고 문화도 다양해서 아주 매력적이었지. 음식도 맛있어서 누가 한국 음식 중에서 뭐가 가장 좋으냐고 물으면 "불코기 마시이써여" 이러면서 엄지손가락을 들어주곤 했어.

하루는 길거리에서 구경을 하고 있는데 갑자기 사이렌 소리가 들렸어.

애~~앵

애~~앵

애~~앵

애~~~~~~~앵!

한참을 울리던 사이렌 소리가 뚝 끊기더니 갑자기 스피커에서 굵은 남자 목소리가 들렸어. 그리고 어디선가 군인들이 나타나서 차량을 통제하고 하늘에선 전투기가 요란하게 지나갔지.

'이것은 설마…… 전쟁인가?'

그는 갑자기 식은땀이 나기 시작했어. 어떡하지? 엄마가 여행 갈 때 안전한 곳만 가라고 했는데 말 들을걸. 말도 잘 안 통하는데, 대사관에 가야 하나? 대사관은 어디 있지? 차량을 통제하는데 거기까지 갈 수 있을까?

그는 손발이 떨렸어. 어찌해야 좋을지 몰라 갈팡질팡했어. 그런데 이렇듯 당황스러워하는 자신과 달리 길을 오가는 사람들은 너무나 평온했어. 아무도 불안해하지 않는 거야. 거리를 지나는 한국 사람들에겐 이 소리가 들리지 않나? 저 멀리 총을 멘 군인의 모습이 보이지 않나? 건너편 카페에서 이야기하는 사람들의 표정도 너무 여유로워. 검은 칠을 한 군인의 얼굴과 수다를 떨며 까르르 웃는 사람들의 대비되는 모습에 이상한 이질감을 느껴.

'뭐지? 이 급박하면서도 여유로운 광경은?'

• • •

외국인 관광객은 우리가 일상적으로 하는 민방위 훈련을 전쟁으로 착각하고 당황해했던 거야. 이 외국인의 모습이 어때 보여? 남한과 북한은 실제로 총을 쏘기도 하고 대포를 발사하기도 했어. 그로 인해 군인들이 죽기도 했지.

외국에서는 당사자인 우리보다 이런 상황을 더 우려스럽게 바라본대. 우리는 이미 일상이 되어서 익숙하지만 북한에서 미사일이라도 쏘면 어떻게 그렇게 위험한 나라에서 살고 있느냐고 묻지.

이런 비유라면 맞을까? 인도네시아에는 화산 활동이 활발한 지역이 많아. 그런 활화산 지역에서는 가끔씩 화산 활동이 일어나 사람들이 죽기도 해. 화산이 연기를 모락모락 피우고 있는데 바로 그 산 아래에서 아무렇지도 않은 듯 농사를 짓는 사람들의 모습을 보면 어떻게 저렇게 위험한 곳에서 일을 하는지 의아해. 외국 사람들이 생각하는 한국이 이런 느낌일 거야. 사실 화산 활동이 일어났던 곳은 비교적 농사가 잘 된대. 그래서 위험을 무릅쓰고 그곳에서 농사를 짓는 것이지.

전쟁이 나면 많은 사람들이 죽어. 큰 비극이지. 지금도 내전을 겪는 나라를 보면 과연 저 나라 사람들은 어떤 마음일까 안타깝기도 해. 우리나라도 6·25전쟁을 통해 이런 비극을 직접 겪은 나라이기도 하고 말이야.

. . .

역사책을 보면 우리나라는 수많은 외세의 침략에 시달렸어. 거란, 몽골, 수, 당, 일본 등으로부터 끊임없이 시련을 겪으면서도 꿋꿋이 살아남았지. 우리나라가 외세로부터 침략을 받은 횟수를 적게 계산하는 학자는 2500년 동안 90회 정도, 자세하게 나누어 계산하는 학자는 900회 이상으로 보기도 해. 2500년 동안 900회라니, 평균 3년에 한 번은 침략을 받았다는 거잖아. 살아남은 우리 조상들과 우리 스스로에게 박수를 쳐주고 싶네. 짝짝짝!

그런데 이러한 전쟁과 외세의 침략이 단지 과거의 일일까? 오늘, 현재, 우리는 전쟁과 외세의 침략과 무관하게 살아가고 있을까?

그래, 무관하지 않다는 것쯤은 잘 알고 있을 거야. 인터넷에서 한국이 세계에서 가장 무서운 장소 베스트 10이라는 걸 본 적이 있어. 낯선 사람이 오면 무조건 죽이는 인도의 어느 섬과 독사가 엄청 많은 섬 등이 순위에 들었어. 그런데 놀라운 건 우리나라도 한 곳이 있었어. 바로 휴전선이야. 하긴 마음대로 건너가지도 못하 겠지만 만약 휴전선을 넘어갔다간 총에 맞기 십상이겠지.

총을 들고 싸우는 것만이 전쟁은 아니야. 외국 기업에게 탈탈 털려서 엄청난 돈을 뜯겼다든지 외국 자본이 국내 기업을 사서 조각조각 팔아먹는다는 소식을 들었을 거야. 요즘은 총보다 돈이 더 무섭기도 해.

. . .

반면에 일본 사람들은 우리와는 또 다른 불안을 안고 살아가. 일본은 섬나라라서 외세의 침략이 거의 없었어. 전쟁은 거의 자기들끼리 싸우는 것이었지. 일본의 최대 위협은 지진, 화산, 쓰나미(지진해일) 같은 자연재해야.

먼 바다에서 고기를 잡을 때는 쓰나미가 지나가는지도 모른 대. 그러다 해안에 오면 엄청난 파도가 된대. 그래서 일본 사람들은 먼 바다에서 고기를 잡고 집에 돌아오면 쓰나미에 마을이 초토화되어 있는 경험을 하며 살아왔어. 일본은 지금도 1년에 약 3만 번의 지진이 기록된다고 해. 2011년에도 후쿠시마 지진으로 원자력 발전소가 폭발해서 도시가 폐허가 되다시피 했지.

그들에게 필요한 것은 뭘까? 빨리 도망가기? 아니야. 그들에게는 질서가 곧 생존이야. 자연재해로부터 피해를 최소화하는 데는 질서, 협동, 규칙 준수가 필수겠지. 일본 사람들이 질서를 잘 지킨다고 부러워하기도 하는데 너무 그러지 않아도 될 것 같아. 우린 우리대로, 그들은 그들대로 삶에 적응한 결과니까 말이야. 두려움, 불안의 대상이 달랐던 것이지.

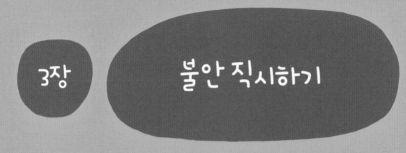

3장 불안 직시하기

불안, 너 딱 걸렸어!
불안 받아들이기 모드로 변신!
행동을 지배하는 숨은 생각
데이터로 변경시켜라
내 머릿속 불안 지도 그리기
내 마음의 비상구 찾기
지도 밖으로 탈출!
시를 쓰자! 시를 쓰자!

불안,
너 딱 걸렸어!

'피할 수 없으면 즐겨라!'

많이 들어본 말이지? 인간이라면 누구도 불안을 피할 수 없어. 그렇다면 즐기는 것도 방법이겠지?

불안은 쉽사리 떨쳐내기 어려운 존재거든. 우리 몸에 불안을 차단하는 스위치 같은 게 있다면 얼마나 좋을까? 불안을 느끼면 '딸까닥' 하고 스위치가 작동해서 불안의 기운을 차단하는 것이지. 그럼 참 편리할 것 같지?

하지만 그런 일은 결~코 없어. 우리 몸에 불안의 기운이 감돌 때는 캄

캄캄한 어둠 속에서 발끝은 어디로 향하고 손은 무엇을 짚어야 할지 몰라 더듬더듬, 허둥지둥하게 돼.

침이 바싹 마르고, 심장이 뛰고, 호흡이 빨라지고, 땀이 나고, 근육이 긴장되고……. 우리 몸이 나타내는 불안의 신호야. 불안이 신호를 보낼 때, 우리 몸에서는 어떤 일이 벌어지는지 좀 더 살펴볼까?

먼저 불안을 느끼면 뇌에서 교감신경계로 재빨리 메시지를 보내. 그러면 화학물질이 분비돼. 아드레날린이라고 들어봤지? 아드레날린과 노르아드레날린이 분비되면서 심장 혈관과 호흡, 땀선 등에 영향을 주게 되는 거야.

그런데 왜 하필이면 이렇게 불편한 신호를 보내느냐고? 이런 신호들은 우리를 움츠러들게 해서 위험한 상황에 뛰어들지 못하게 만들어. 자기를 보호하도록 만드는 거야. 하지만 좀 적당히 해주면 좋겠는데 지나친 게 문제란 말이야.

불안은 언제나 애매모호하고 뿌연 상태로 다가오기 때문에 불안 앞에서 우리는 정신을 차릴 수가 없어. 불안에 휩싸이거나 사로잡히거나! 그런데 재미있는 것은 불안을 알면 알수록 덜 불안해진다는 거야. '지피지기면 백전백승'이라는 말도 있잖아. 전쟁에서 적을 알고 나를 알면 백 번을 싸워 백 번을 다 이길 수 있다는 뜻이야. 그만큼 적과 나를 잘 알고 있어야 한다는 것이지. 그런데 지피지기는 적뿐만 아니라 나도 알아야 한다는 뜻이야. 사람들은 나는 나니까 잘 알 거라고 생각해. 하지만 정작 자신을 잘 몰라.

불안해? 그럼 불안해하는 자신을 좀 더 자세히 관찰해보자고. 불안을 해결할 비밀은 바로 내 가까이에 있을 수 있으니까.

· · ·

초등학교 때 피아노 경연대회에 참가한 적이 있었어. 드디어 본선 날, 떨리는 마음으로 대회장에 도착했어. 그런데 대회장이 너무나 큰 거야. 그 큰 무대 위에 그랜드 피아노 한 대가 놓여 있는데, 거기에 앉아서 연주를 해야 했어.

'이렇게 큰 공간에서 피아노를 치면 과연 그 소리가 사람들 귀에 들리기나 할까?'

나는 큰 공간에 압도되고 말았어. 그리고 불안감이 몰려오기 시작했지.

무대 바로 앞에는 심사위원석이 있고, 그 뒤 좌석에는 대회를 보러 온 많은 청중이 있었어. 나는 무대 바로 옆 참가자 대기실에

서 순서를 기다렸어. 내 차례가 다가올수록 점점 더 불안해졌어. 심장 소리는 더 커져서 온몸이 심장이 되어버린 것 같았어.

쿵, 쿵, 쿵, 쿵……!

내 귀에는 심장 뛰는 소리 말고는 아무것도 들리지 않았어. 피아노를 치려면 손이 따뜻해야 하는데, 땀이 흘러서 축축해지고 더 차가워졌어.

마침내 앞 번호 참가자가 연주를 시작하고 나는 무대 위 대기석에 앉아야 하는 순간이 왔어. 손발은 더 차가워지고 급기야 몸이 덜덜 떨리기 시작했어. 그 바람에 의자도 덜그럭덜그럭거렸지. 혹시 다른 사람들이 내가 떨고 있는 것을 알게 될까봐 겁이 났어.

'먼저 이 떨림부터 멈춰야 해!'

* * *

나는 다리에 힘을 꽉 주고 발바닥을 바닥에 붙여서 다리가 떨리지 않게 만들었어. 주먹도 꼭 쥐었어. 그랬더니 떨리는 게 좀 가라앉으면서 긴장도 풀리는 것 같았어. 거기에 무대 조명이 강해서 관객들도 잘 보이지 않았어.

'그래, 사람들이 잘 보이지도 않잖아? 아무도 없는 연습실에서 혼자 피아노를 친다고 생각하자.'

그렇게 생각하니 더 이상 손이 떨리지 않았고 손에 온기가 돌아오는 것 같았어.

마침내 내 차례가 돌아와서 피아노 앞에 앉았어. 피아노 위에 손을 올리자 손가락이 자동으로 움직이면서 그동안 열심히 연습했던 곡을 연주하기 시작했어. 연습한 대로 피아노를 치고는 심사위원과 관객을 향해 인사를 한 다음 무대에서 내려왔어. 관객석에서 나를 지켜보던 가족들은 내가 떤지도 몰랐대.

그 이후로는 어떤 상황에서도 대체로 불안해하지 않게 됐어. 다른 사람들은 내가 불안하다는 걸 모른다고 생각하니 불안해할 필요가 없다는 생각이 들었거든. 신기하지? 아, 그리고 피아노 경연대회에서 상도 받았어. 히히.

아마도 많은 사람들이 나를 지켜보고 있다고 생각하니 더 불안했던 것 같아. 그런데 환한 조명 때문에 관객석이 보이지 않자, 관객 없이 평소처럼 연습실에서 혼자 피아노를 친다고 생각했고, 그 덕분에 편안하게 연주를 마칠 수 있었어.

불안을 잊기 위해 다른 생각을 하거나 노래를 부를 수도 있지만, 나는 그렇게 하지 않았어. 두 발로 바닥을 힘껏 디디고 주먹을 꼭 쥐면서 손발의 떨림을 멈추는 데 집중했지. 그렇게 신체 증상에 집중하다보니 어느새 안정을 찾게 되더라고.

이렇게 불안이 찾아오면 일단 받아들이는 게 중요해.

'불안아, 너 왔구나!'

불안 받아들이기 모드로 변신!

'아, 어쩌다가 내가 발표자가 된 걸까? 큰일 났다.'

'선생님은 왜 수행평가를 조별 평가로 할까?'

사회 시간에 선생님은 조별로 수행평가를 한다고 하셨어. 각 조에서 주제를 정해서 조사하고 조장이 발표를 하라고 하셨지. 조원이 같이 조사하는 거니까 발표자의 발표에 따라 점수를 준다고 하셨는데, 하필 내가 발표자가 된 거야. 우리 조에서는 아무도 발표를 하겠다는 사람이 없어서 가위바위보로 정했거든.

'아, 그때 가위가 아니라 바위를 낼걸……'

'내가 발표를 제대로 하지 못해서 낮은 점수를 받으면 우리 조 다른 아이들한테 욕먹을 텐데 어떡하지?'

나는 원래 발표를 잘 못해서 한 번도 발표를 한 적이 없었어. 그런데 왜 하필 나에게 이런 일을 맡겼는지 모르겠어.

평소에 발표를 자주 하는 친구에게 어떻게 하면 좋을지를 물어보았어. 하지만 그 친구는 그냥 하면 된다고 말해서 별로 도움이 되지 않았어. 그래도 다행인 것은 우리 조의 다른 친구들이 자료 조사를 해오고 PPT도 만들어줬어. 나는 그것을 바탕으로 어떻게 발표를 할지 원고를 써보기로 했어.

'안녕하세요. 저는 1조의 발표자 ○○○입니다. 저희 조의 주제는~'부터 시작해서 '이상으로 발표를 마칩니다'까지 어떻게 말할 것인지를 써서 외우기 시작했어. 원고를 쓰면서 이상한 점이 없는지 친구들에게 물어보고, 집에서는 동생을 앞에 두고 PPT를 보여주며 발표하는 연습도 했어. 연습한 대로만 하면 될 거라고 생각하니까 마음이 조금은 편해지는 것 같았어.

• • •

마침내 발표하는 날! 나는 아침 일찍 학교에 가서 우리 조 친구들 앞에서 최종 연습을 했어. 친구들이 잘한다고 격려해주고, 점수에 신경 쓰지 말고 연습한 대로만 하면 된다고 말해주니 조금은 불안이 가시는 것 같았어. 하지만 마침내 발표할 시간이 되어 교실 앞으로 나갔을 땐 눈앞이 캄캄해졌어.

내가 긴장한 얼굴로 머뭇거리니까 선생님께서 격려해주셨어.

"괜찮아. 시간은 충분하니까 천천히 시작해도 돼."

나는 천천히 심호흡을 하고 주먹을 꽉 쥐었어. 그러자 조금 진정되는 것 같았지. 앞이 조금씩 밝아지면서 우리 조의 친구들이 나를 바라보는 게 보였어. 다른 사람들은 없다고 생각하고 조원들 앞에서 연습하는 것처럼 우리 조 친구들만 보면서 이야기해

야겠다고 생각했어.

"안녕하세요. 저는 ○○○입니다. 저희 조의 주제는……."

일단 발표를 시작하자 원고에 써서 외운 대로 말이 술술 나왔어. 발표를 끝내고 인사를 하자 반 친구들과 선생님이 크게 박수를 쳐주었어. 도대체 내가 어떻게 발표를 시작해서 끝냈는지 전혀 생각이 나지 않는데, 선생님도 친구들도 내가 가장 발표를 잘했다고 하니 얼떨떨하지 뭐야.

"우린 네가 잘할 줄 알았어!"

우리 조 친구들도 칭찬을 해주었어.

'어라, 나의 새로운 재능을 발견한 거 아냐?'

나도 모르게 어깨가 으쓱해지는 걸 느꼈어. 이렇게 한 번 경험하고 나니 발표가 더 이상 어렵게 느껴지지 않았고, 발표를 하면 할수록 더 잘할 수 있다는 생각이 들었어. 어느새 나는 우리 반에서 발표를 가장 많이, 그리고 가장 잘하는 아이가 되어 있었어.

처음에는 두렵고 불안해서 어떻게든 발표를 피하고만 싶었어. 하지만 불안을 극복하고 난 지금은 새로운 재능을 발견하는 기회가 된 것 같아서 불안에게 고마울 정도야. 어쩌면 불안은 나 자신에게 보내는 신호가 아니었을까? 내가 변해야 한다는 신호, 새롭게 도전하고 더 나은 삶을 살기 위해 변해야 한다는 신호로 해석해야 하는 게 아닐까?

• • •

이제 우리에게 꼭 필요한 신호인 불안 받아들이기 모드로 변신해보자. 스트레스처럼 애매모호한 긴장으로 다가오는 불안을 다른 것과 비교해서 분리시키는 거야. 먼저 신체 증상

부터 안정시켜야 정신을 차릴 수 있겠지?

너희는 불안할 때 어떤 신체 증상이 나타나? 뒷목이 뻣뻣해지거나 두통이 오니? 손톱을 깨물거나 다리를 떨기도 해? 기분은 어때? 슬퍼지고 비관적인 생각에 빠져들거나 무기력해지기도 하겠지? 긴장되고 초조하고 짜증이 스멀스멀 올라오기도 하니?

불안이 찾아오면 자신의 신체 증상을 관찰해서 모두 적어봐. 모두 받아들인다는 기분으로 자세히 관찰해서 적다보면 조금씩 자신의 상태를 거리를 두고 바라볼 수 있게 될 거야. 우리 같이 한번 적어볼까?

심리학자 존 카밧진Jon Kabat-Zinn은 지금 이 순간에 주의를 집중해서 의도적으로 몸과 마음을 관찰하라고 했어. 그리고 순간순간 체험하는 것을 느끼며 이를 있는 그대로 받아들이는 과정을 '마음챙김'이라고 불렀지. 심리치료 방법으로는 물론 개인적인 명상법으로도 활용되고 있어.

· · ·

일단 불안에 빠져들면 또 다른 불안이 꼬리를 물고 따라오곤 해. '코끼리는 생각하지 마'라고 하는 순간 머릿속에 코끼리가 떠오르는 법이잖아. 불안한 것을 생각하지 말라고 하면 더 불안해지고 말이야. 그리고 불안과 함께 오는 긴장감, 우울, 슬픔 때문에 다른 사람에게 짜증을 내면서 불안을 전가시키거나 다른 문제들을 일으킬 수도 있어. 처음 원인이 된 불안 자체보다는 힘든 감정 때문에 인간관계에 문제가 생길 수도 있는 거야.

그러니까 우리는 '마음챙김'에서 이야기하고 있는 것처럼 우리 몸의 감각이나 증상, 감정을 관찰하고 있는 그대로 받아들여야 해.

'아, 지금 내게 불안이 왔구나.'

이렇게 받아들이고 알아차리기만 해도 부정적인 감정에 빠져 2차적으로 반응하는 것을 멈추는 데 도움이 된대. 그리고 그때의 상황과 나의 신체적 특징, 감정 등을 관찰하고 적어보면 일정한 패턴을 찾을 수도 있어. 그러다보면 불안의 핵심을 찾을 수도 있을 거야.

행동을 지배하는 숨은 생각

자동차 운전과 관련한 실험 하나를 이야기해줄게.

자동차에는 양쪽에 깜빡이가 있어. 왼쪽으로 갈 때는 왼쪽 깜빡이를 켜고, 오른쪽으로 갈 때는 오른쪽 깜빡이를 켜야 해. 운전석에는 깜빡이를 조종하는 막대가 있지. 막대를 아래로 내리면 왼쪽 깜빡이가 들어오고 막대를 위로 올리면 오른쪽 깜빡이에 불이 들어와. 그런데 실험에서는 그걸 바꾸는 거야. 아래로 내리면 오른쪽 깜빡이, 위로 올리면 왼쪽 깜빡이에 불이 들어오도록 기계를 바꿔놔. 그리고 실험 참가자들에게 이렇게 바꾸었다고 설명을 해주지. 초보 운전자와 10년 이상 운전을 한 베테랑 운전기사 중에서 누가 깜빡이를 틀리지 않고 운전을 할까? 아니, 누가 더 많이 틀릴까?

결과는 베테랑 운전기사들이 훨씬 더 많이 틀렸어. 왜 그럴까? 초보 운전자는 왼쪽 깜빡이를 조작할 때 어떻게 해야 하는지 '생각'을 하는데 오랫동안 운전을 하던 사람들은 '습관'처럼 깜빡이를 조작한다는 것이지. 그래서 손이 먼저 나가고 그다음 생각을 해서 실수를 한다는 거야.

이렇게 자기도 모르는 사이에 나오는 것은 습관이 된 손만이 아니야. 사람의 감정도 자기도 모르는 사이에 습관처럼 나와.

• • •

쿵쾅쿵쾅!

쿵쾅쿵쾅!

심장이 요동치는 소리 들리니? 누구 심장이냐고? 걱정하지 마, 다행히 내 심장은 아니니까. 어느 남학생의 심장 소리야.

한 남학생과 여학생은 동아리 활동을 하면서 알게 되었고 SNS를 하면서 더 친해졌어. 남학생은 여학생을 좋아했어. 그리고 고백을 하기로 마음을 먹었지. 큰 결심을 한 남학생은 여학생에게 내일 점심 먹고 동아리

실에서 만나자고 했어.

　드디어 다음 날 점심시간이 되었어. 남학생은 밥이 입으로 들어가는지 코로 들어가는지 모르고 먹었어. 그리고 흔들리는 발걸음을 다잡으며 동아리실로 갔지.

　여학생은 그 남학생이 좋은 사람이라고 생각했어. 남학생은 키도 적당하고, 얼굴도 괜찮고, 공부도 제법 했지. 그런데 남학생이 내일 동아리실에서 만나자고 했을 때 여학생은 본능적으로 알았어. 여자의 직감은 무섭다고나 할까! 여학생은 남학생이 내일 동아리실에서 무슨 이야기를 할지 감이 왔어. 그러자 그 남학생이 갑자기 싫어졌어. 분명 방금 전까지는 좋은 사람이라고 생각했지만 자신에게 고백할 것 같다는 생각이 들자 나쁜 사람이 된 것이지.

결국 동아리실에서 여학생은 남학생에게 아직 이성 친구를 만나고 싶지 않다고 말하고는 도망치듯 그 자리를 빠져나왔어.

• • •

'네가 좋아.'

상대로부터 이런 말을 들으면 어떨까? 그 상대가 마음에 든다면 설렐 것이고, 그렇지 않다면 좀 부담스럽거나 싫을 수도 있겠지?

그럼 좋아하는 남학생한테서 고백을 받은 여학생은 어땠을까? 여학생 입장이 공감이 되니? 아니, 차이는 입장에 공감했다고? 차일 대상이라도 있으면 좋겠다고? 음, 아무튼 중요한 것은 고백을 받을 거라는 걸 알자마자 '갑자기 싫어졌다'는 부분이야. 분명 괜찮다고 생각하는 상대였는데, 사귀자라고 말할 거라는 걸 알자마자 즉각적으로 싫다는 감정이 솟았지.

이게 조금 중요한데, 특별히 어떤 논리적인 생각을 하지 않고 바로 감정이 떠오르는 것을 심리학에서는 '자동적 사고'라고 불러. 논리적으로 따져서 생각하는 게 아니라 마치 습관처럼, 음식을 보면 침이 나오는 것처럼 그냥 반응하는 것이지. 앞의 자동차 실험에서 오래된 베테랑 운전기사들은 생각하기도 전에 습관처럼 손이 먼저 나갔어. 마치 습관처럼 손이 나가듯이 어떤 신념을 갖고 있다면 생각하기 전에 감정이 떠올라. 먼저 이러저러해서 그 사람이 싫다가 아니라 먼저 싫다는 감정이 솟은 다음에 왜 싫지? 그제야 싫은 것에 대한 이유를 만든다는 것이지.

• • •

이 여학생처럼, 여학생이 아직 연애를 하고 싶지 않다고 가정해볼게. 연애를 하고 싶지 않아. 그런데 상대가 고백을 하네. 연애를 하고 싶지 않다고 생각하니까 거절해야겠지? 이런 순서가 아니라는 것이지.

어라, 고백각이네. 핵싫다. 왜 싫지? 싫으니까 싫지. 이런 순서라는 거야. 그 사람이 싫다는 감정이 솟아올라. 그냥 자동적으로 솟아올라. 나에게 이런 감정을 느끼게 하다니. 그러니까 네가 싫다. 싫으니까 거절한다. 뭐라고 거절하지? 나는 아직 연애를 하고 싶지 않잖아. 그래, 맞아. 나는 연애를 아직 하고 싶지 않아.

미안. 이런 순서라는 것이지.

　이런 감정은 왜 솟아오를까? 남학생 입장에서는 조금 억울할 수도 있잖아. 앞에서 '잘못된 신념'에 대해서 이야기했어. 여학생에겐 이런 신념이 있을 수도 있어.

　모든 사람에게 사랑받고 싶어. 그러려면 모든 친구들과 원만한 관계를 유지해야 해. 그런데 내가 이 남학생과 사귀면 분명 그 관계가 깨질 거야. 아, 어색하고 끔찍해. 나에게 이런 끔찍함을 주다니, 네가 싫다.

　그런데 여기서 여학생은 자신의 신념을 잘 몰라. 원래 신념은 깨닫기 어렵거든. 네 신념은 뭐야? 술술 말할 수 있다면 이미 정치인일걸. 정치인도 신념을 말하는 게 아니라 신념인 척하는 거라고? 뭐 아무튼 신념을 깨닫기는 어려워. 하지만 감정은 쉽게 느껴지지. 그리고 감정에 맞는 이유를 끼워 맞추는 거야.

　너 자신을 알라. 어떻게 알지? 불현듯 찾아왔던 분노, 짜증 등의 감정이 언제였는지 찾아봐. 그 감정들을 거꾸로 추적하다 보면 그 너머에 숨어 있는 자신의 신념을 찾을 수 있어. 그렇게 자신의 신념을 찾을 수 있고 심지어 그 신념을 바꿔갈 수 있다면……. 와우, 소크라테스도 놀랄걸!

데이터로 변경시켜라

너의 숨은 신념을 찾았니? 그럼 이제는 대뇌피질을 움직일 시간이야. 불안을 데이터로 만들고 그 데이터를 분석해야 해. 내마음 나도 모르는데 어떻게 분석해야 할지 막막하지? 너무 걱정하지 마. 그래서 마리아이가 여기 있는 거니까. 여기까지 《불안상자》를 잘 읽어온 친구들이라면 금방 따라할 수 있을 거야. 이책의 마지막 장을 덮을 때면, 적어도 자기 마음에 대해서만은 심리학자 못지않은 연구자가 되어 있을 거야.

개그맨 유재석 아저씨 알지? 마리아이도 엄청 좋아해. 그런데유재석 아저씨가 어떤 예능 프로그램에서 무서운 이야기를 듣다가 깜짝 놀라서 옆에 있던 여성 진행자에게 안긴 적이 있었어.

사람들은 폭소를 터뜨렸고 그를 놀려댔지. 그런데 유재석 아저씨가 그렇게 한 것은 깊이 생각하고 행동한 결과가 아니잖아. 일부러 그런 것도 아니고. 바로 '편도체'가 시킨 거야.

· · ·

편도체가 누구냐고? 하하. 우리 뇌에는 편도체라고 부르는 영역이 있어. 편도체는 위험한 상황에 재빨리 반응하도록 해줘. 공이 날아오면 본능적으로 몸을 돌리거나 피하게 만들지.

반면 누가, 언제, 무엇을, 어떻게, 왜 그런지 상황을 분석하고 신중한 생각을 하는 곳은 '대뇌피질'이라고 불러. 그런데 대뇌피질은 위급한 상황에서는 거북이걸음을 해. 그래서 위급한 상황이 되면 우왕좌왕하는 사람들이 많지. 유재석 아저씨가 자기도 모르게 옆에 있는 사람에게 덥석 안긴 것처럼. 거북이 대뇌피질이 다시 활성화될 즈음에는 아마 무지 창피했을 거야. 히히.

여기서 마리아이가 이야기하고 싶은 중요한 사실 하나! 일단 긴급한 위험을 피했다면 대뇌피질을 의식적으로 움직여야 한다는 것. 그래야 위험의 정체를 냉정하게 똑바로 판단할 수 있지. 위험할 때 느끼는 불안감도 마찬가지야. 대뇌피질을 움직여서 불안을 분석해야 해.

. . .

경주에 가면 첨성대가 있어. 신라 선덕여왕 시절에 만들었는데, 하늘을 관찰하던 곳이래. 당시에는 천문 관측이 엄청 중요했거든. 농사를 지어 먹고 살던 시대에는 춘분과 추분, 하지와 동지, 1년 12달 24절기를 정확히 파악해야 했기 때문이야.

그런데 첨성대의 역할에는 농사 말고 또 한 가지 중요한 이유가 있었어. 별자리의 변화를 읽어서 국가의 길흉을 점치는 점성술이야. 반짝반짝 아름답지만 무질서하게 펼쳐진 저 별들이 어떤 의미를 담고 있다고? 그 신호를 해석하면 나라와 백성들의 미래를 알 수 있다는 게 정말일까?

선덕여왕은 궁궐 근처에 첨성대를 세웠어. 천문대는 보통 산꼭대기같이 높은 곳에 세우잖아. 그런데 평지도 아닌 궁궐 근처에 세운 이유가 뭘까? 어떤 상징적인 의미가 아닐까? 왕으로서 별자리를 해석하고 그 뜻을 알려주는 것은 백성들을 안정시키는 아주 중요한 국가 행사였을 거야.

《삼국유사》를 보면 혜성이 떨어지거나 일식이 일어나면 난리

가 나. 물론 지금도 마찬가지인데 상황은 달라. 이 신기한 현상을 구경하기 위해 일식이 일어나는 아침이면 운동장에서 과학 선생님이 관찰 안경을 나눠주시기도 하고, 혜성을 보러 관광여행을 떠나는 사람들도 있어.

하지만 그 시대에는 달랐어.

"무시무시한 재앙이 일어날 거야!"

"임금님이 하늘의 도리를 어겨서 벌을 내리시는 거야!"

백성들은 기이한 현상이 두렵고 불안했을 거야. 특히 해나 별은 왕을 상징하는 존재였거든. 해가 사라지는 일식이나 별이 떨어지는 혜성은 왕권이 흔들릴 정도의 사건인 거야. 그러니 왕들에게 하늘의 변화를 해석하는 일은 아주 중요한 문제였겠지.

그래서 무질서해 보이는 별들에 이름을 붙여 별자리를 만들고 데이터화했어. 별자리의 변화를 관찰하고 변화의 의미를 당시의 정치, 사회적 상황과 결부시켜 해석하고 부여한 것이지. 이것은 백성들의 불안을 관리하고 통제하는 역할도 했어.

밤하늘의 별들처럼 여기저기 흩어져 있는 알쏭달쏭한 우리의 마음, 우리의 불안도 데이터로 만들고 의미 있게 해석해낼 수 있지 않을까?

내 머릿속 불안 지도 그리기

불안을 하나씩 데이터로 변경시키다보면 왠지 우리 머릿속도 들여다볼 수 있을 것 같지 않아? 그렇게 된다면 얼마나 좋을까? 내가 왜 이렇게 불안한지, 왜 이런 행동을 하고, 왜 이런 감정을 느끼는지 알 수만 있다면! 너희는 그런 생각, 해본 적 없니? 나는 정말 궁금해. 내가 좋아하는 그 애 앞에서 왜 매번 바보 같은 실수만 하게 되는지! 흑흑.

그런데 우리가 불안을 데이터로 만들 때 주의할 점이 있어. 첩보와 정보는 다르다는 사실! 어떻게 다를까? 스파이들이 수집하면 첩보, 뉴스에 나오면 정보? 하하, 농담이야. 정확히 말하면 첩보는 다양한 출처로부터 수집된 자료를 말하는 거야. 일단 이

것저것 최대한 모아보는 것이지. 이 내용을 하나씩 확인해서 검증을 거치면 그제야 정보로서의 가치가 있어.

이것을 불안에 적용시켜볼게. 불안이 다가오면 일단 신호를 받아들여. 그리고 쓸모 있는 것과 쓸모없는 것을 나누는 거야. 쓸모없는 신호는 버려야 해. 첩보를 정보로 오해하면 우리는 어리석어지거나 더 불안해질 뿐이야. 그렇다면 첩보와 정보는 어떻게 구분할까?

심리학자 애런 벡Aaron T. Beck이 이미 쓸모 있는 불안 신호만을 모아서 우리 머릿속에서 벌어지는 일들을 그려볼 수 있는 지도를 만들었어. 마리아이는 이걸 '내 머릿속 불안 지도'라고 부르기로 했어. 지도처럼 따라가는 동안 내 마음속 불안을 다시 한 번 여행할 수 있거든. 물론 썩 유쾌한 여행은 아니겠지만, 의미 있는 여행이 될 거라고 믿어.

1단계

어떤 일이 있었나요?

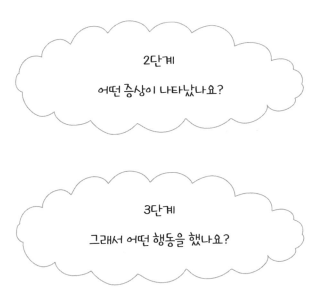

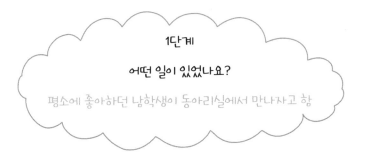

어때, '내 머릿속 불안 지도'가 마음에 들어? 그럼 이 불안 지도에 맞게 앞에서 이야기한 고백 불안인 여학생의 상황을 그려 볼게.

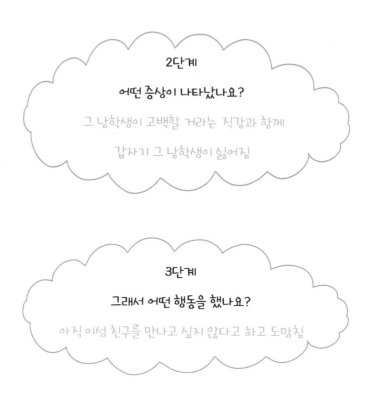

2단계

어떤 증상이 나타났나요?

그 남학생이 고백할 거라는 직감과 함께

갑자기 그 남학생이 싫어짐

3단계

그래서 어떤 행동을 했나요?

아직 이성 친구를 만나고 싶지 않다고 하고 도망침

이렇게 그려놓고 나니 그 여학생이 좀 답답해 보이기는 하네. 하지만 여학생의 심리를 알 것도 같아. 나도 이런 경험이 있거든. 마음으로는 그렇지 않은데 겉으로는 엉뚱한 행동을 하는 거야. 그 여학생은 좋아하는 남학생한테서 도망쳤지만, 나는 반대로 초등학교 때 내가 좋아하던 여자애를 엄청 괴롭혔어.

"야, 너 오늘 머리 감았어? 머리가 새집을 짓고 있네."

"무슨 여자애가 성격이 그렇게 까칠해?"

유치하지? 내가 좋아하는 여자애 치마 들추고 '아이스케키~'라고 외치고, 고무줄 끊고 도망가는 것과 같은 심리라고 할까? 관심 가는 여자애한테 일부러 더 짓궂게 구는 것이지. 다른 이야기 하나 더 해볼게.

• • •

한 친구가 전학을 왔어. 그런데 이 친구는 학교에서 하루 종일 책상만 보고 앉아 있어. 새 학교에서도 또 따돌림을 당하지는 않을까, 아이들이 자신을 흘끔흘끔 쳐다보는 게 아닐까, 자신에 대한 무슨 소문이라도 난 게 아닐까 두려웠던 거야. 집에 돌아와 침대에 누우면 그제야 긴장이 풀리면서 눈물이 났어. 내일은 또 어떻게 하루를 보내나 두렵고 불안해서 잠도 오지 않았지.

이 친구는 왜 이럴까? 사실 예전에도 전학을 간 적이 있었어. 그때 친구들의 오해로 나쁜 소문이 퍼져 너무 괴로웠어. 모든 것이 낯선 새로운 학교에서 그 애 편을 들어줄 사람이 없었거든. 그 소문이 오해라고 해명해줄 사람도 물론 없었지. 한 해 동안 따돌림을 당하고 힘든 시간을 보냈어. 다음 해 반이 바뀌면서 조금 나아졌지만, 한번 퍼진 소문이 완전히 사라지지는 않았어.

그래도 그럭저럭 적응했는데, 또 전학이라니! 직장을 옮겨다니는 부모님이 원망스러웠어. 딸이 이렇게 힘든 걸 알고 계실까? 하지만 문제의 본질은 전학이 아니잖아. 부모님을 탓할 수는 없지. 그 친구랑 잠시 이야기를 나누었는데, 마음속에서 이런 외침들이 계속 들린대.

'내일은 친구들에게 말을 걸어볼까?'

'외로워. 나도 다른 아이들처럼 웃고 떠들고 즐거운 하루를 보내고 싶어.'

'하지만 친구들이 또 내 말을 오해하면 어쩌지?'

'자기들끼리 친한데 내가 끼어들려고 하고 나댄다고 싫어할 거야.'

'왜 사람들은 항상 나를 오해하지?'

'실수를 하느니 차라리 눈에 띄지 말고 조용히 살자.'

친구의 이야기를 듣고 마음이 아팠어. 이 친구의 '내 머릿속 불안 지도'를 그려보면 옆의 그림과 같아.

'내 머릿속 불안 지도'가 좀 익숙해졌니? 이 지도와 함께 우리 이제 불안의 섬에서 탈출해보자고!

내 마음의 비상구 찾기

우리가 '내 머릿속 불안 지도'를 그리는 이유는 뭘까? 당연히 불안에서 벗어나고 싶어서겠지. 이딴 건 왜 그려야 하느냐고 투덜대는 친구들, 더 이상 할 말 없지? 불안이 깊어지면 우울이 되고, 우울이 깊어지면 자살이라는 극단적인 선택도 하게 돼. 우리나라 10대들의 사망 원인 1위가 교통사고도 암도 아닌 자살이라고 하니, 결코 불안을 가볍게 생각할 문제는 아니야.

'사람들은 왜 자살을 할까?'

여기에 대해서도 많은 심리학자들이 연구를 했어. 그리고 두 가지 결론을 얻었어. 첫 번째는 내가 다른 사람에게 짐이 된다고 여길 때, 두 번째는 소속감을 전혀 느끼지 못할 때 살고 싶은 생

각이 없어진대. 더 이상 살 이유가 없다고 생각하는 것이지. 그러니까 이런 생각의 논리가 작동하는 거야.

'다른 사람에게 짐이 되는 내가 싫다. 내가 죽어도 아무도 슬퍼하지 않을 거야. 나는 아무 곳에도 소속되어 있지 않으니 이 지구상에서 나 하나쯤 사라져도 아무렇지 않을 거야.'

여기서 핵심은 소속감이 없고 짐이 된다는 사실이 아니라 소속감이 없고 짐이 된다는 생각에 '사로잡힌다'는 거야. 머릿속에 그 두 가지 생각으로 가득 차 있어서 너무 두렵고 무서운 나머지 세상을 끝내고 싶어지는 거야. 더 정확하게는 죽는 것밖에 방법이 없다고 생각하는 것이지.

그런데 과연 그럴까? 그렇게 내가 사라진다면? 나만 바라보고 사시는 엄마는 어떡해? 친구는? 선생님은? 할머니와 할아버지는? 나를 걱정해주는 사람들에게 얼마나 놀랄 만한 일이겠어. 그 무엇보다 나의 미래에게 가장 미안한 일이지. 나의 미래가 가질 수 있는 무한한 기회를 아예 차단시켜버리는 거니까.

• • •

이때는 아주 사소한 것이라도 다른 세상이 존재한다는 걸 깨닫기만 해도 무서운 생각을 떨쳐버릴 수가 있어.

어느 스님의 이야기야. 스님도 어떤 생각에 사로잡혀 한없이 우울의 늪으로 빠져들고 있었어. 그때 어디선가 매미 소리가 들렸어. 스님은 그때 비로소 매미가 우는 아름다운 세상이 있다는 걸 깨닫고 그 생각에서 벗어날 수 있었대. 스님에게 매미 소리는 내가 생각하는 세상만이 아닌 다른 세상도 있다는 걸 알려주는 마음의 비상구 같은 것이었지. 너희도 이 스님에게 들린 '매미 소리'처럼, 마음의 비상구를 찾을 수 있겠어?

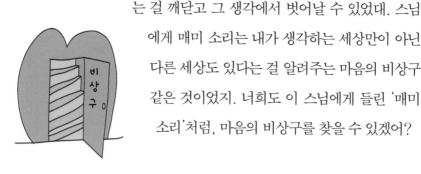

내가 아는 아이는 사귀던 이성 친구에게 차이고 몹시 괴로워했어. 이별을 처음 겪었고 이렇게 슬픈 감정은 처음이었지. 세상이 온통 어둡게 보였고 그 세상에 자기 혼자뿐인 것만 같았어. 엄마도 친구도 모두 버리고 세상에서 사라지고 싶었어. 밥도 안 먹고 괴로워했어. 그런데 웃기게도 말이야, 코끝을 스치는 음식 냄새에 침이 나오더래. 그러곤 자신이 괴로워하고 있는데 침이 나오는 상황이 어이가 없으면서도 웃기고 허무하더래. 그래, 그깟 연애가 뭐라고 내가 세상에서 사라지고 싶다고까지 생각했나 이런 생각까지 들더래.

이 아이에게는 음식 냄새가 다른 세상이 있다는 걸 알려주는 마음의 비상구가 된 것이지. 그리고 왼손엔 치킨, 오른손엔 떡볶이를 들고 먹으면서 이별의 아픔을 달랬다고 해. 노래방에서 이별 노래도 몇 곡 부르고 말이야.

지도 밖으로
탈출!

우리도 언제 절대고독에 빠져서 세상 끝에 선 기분이 들지 모르잖아. 그때를 대비해 평소에 '마음의 비상구'를 찾아 '이 세계'로 빠져나가는 연습을 해두면 도움이 되지 않을까? 일종의 불안 지도 탈출 게임이라고 생각해도 좋아. 그럼 우리 같이 해볼까?

자, 첫 번째 스테이지, '내 머릿속의 금지어 찾기'야. 자꾸 안 좋은 생각이 떠오르게 하는 '내 안의 금지어'를 찾아보는 것이지.

앞에서 이야기한 전학 온 친구 기억하지? 그 친구의 마음속을 한번 들여다볼까?

'나는 오해받기 쉬운 성격이다.'

'사람들은 새로운 사람에 대해 소문 퍼뜨리기를 좋아하기에

믿을 수 없다.'

'세상은 적응하기 힘든 곳이다.'

이것은 전학생 친구가 과거 따돌림을 당한 경험을 통해 쌓아올린 믿음이야. 누구나 '자신은 이런 사람이야' '사람들은 이래' '세상은 이런 곳이야'라는 나름의 가치관을 가지고 살잖아? 이 친구는 안타깝게도 아주 부정적인 믿음이 생겨버린 것이지.

그런데 한번 이런 믿음을 갖게 되면 그 믿음을 증명해주는 사실들만 눈에 들어오게 돼. 그 문제에만 집중해서 다른 이야기들을 놓치게 되는 거야.

'거봐, 내 생각이 옳았잖아.'

이러면서 벗어나질 못해. 하지만 삶의 경험이란 복합적이고 풍부한 거야. 기억되지 못하고 묻혀버린 예외적인 경험들이 얼마든지 있어.

전학생 친구가 오해받기 쉬운 성격이라고? 하지만 전학 오기 전 학교에서도 진정한 우정을 나누는 친구들이 있었거든. 생각해보면 그렇게 나쁜 소문이 퍼지고 따돌림까지 당한 상황에서 결국 친구를 만들어냈잖아. 그게 더 대단한 거 아닐까? 아주~ 칭찬해~!

사람들은 항상 소문을 퍼뜨리고 다니는 믿을 수 없는 존재라고? 전학생의 친구 중 하나는 "너는 내가 가장 믿을 수 있는 사람이야"라고 말해준 적이 있어. 지금도 항상 카톡으로 위로하고 격려해준대. 새로운 학교에도 그런 친구들이 분명 있을 거야.

세상이 적응하기 힘든 곳이라고? 전학을 다니기 전 초등학교 6년, 중학교 1년 동안은 어땠는데? 무려 7년간 아~무 문제 없이 잘 적응했는걸. 그리고 이 친구는 얼마 전 청소년 인문학 캠프에 다녀왔는데 낯선 곳, 낯선 친구들에 적응하고 어울리는 것이 크게 어렵지 않았대. 심지어 아주 좋은 시간을 보냈고, 꾸준히 연락을 주고받는 새 친구도 생겼다고 해.

어때, 이렇게 보니 전학생 친구가 부정적인 생각을 하고 있다는 게 느껴지지 않니? 누구나 이런 부정적인 생각, 그리고 그 때문에 하는 의외의 행동을 한 경험을 얼마든지 찾을 수 있어.

· · ·

나를 불안하게 하는 내 머릿속의 금지어를 찾았니? 다음 스테이지는 그 금지어를 긍정의 말들로 바꿔보는 거야. '~해도 괜찮아'로 바꿔보는 것이지. 말에는 힘이 있어. 그래서 내가 생각한 걸 계속 말로 하다보면 진짜 내 생각대로 나를 바꾸고 세상을 바꾸게 되지.

늘 가난한 사람을 도우며 사셨던 마더 테레사라는 수녀님이 있어. 노벨 평화상도 받았지. 수녀님은 가난한 자를 사랑하며 서로를 사랑하라고 했어. 그런데 놀라운 것은 그분의 기도 내용이야.

'사랑받고 싶어 하지 않게 하소서.'

다른 사람들에게는 사랑하라고 가르치면서 정작 자신은 사랑받고 싶어 하지 않게 해달라니……. 수녀님은 욕구 자체를 다스

리려고 했던 것 같아. 그런데 우리에게 마더 테레사처럼 하라는
건 너무 힘들겠지? 그분은 세계적인 성인이니까. 그리고 우리가
노벨 평화상을 받으려는 것도 아니고 말이야. 우리가 사랑을 받
으려는 것은 자연스러운 욕구야. 인정을 받고 싶어 하는 것도 당
연하지.

　물론 그 정도가 심하면 좀 부담스럽겠지. 한 남학생은 SNS에
두루마리 휴지로 몸을 둘둘 감아 미라처럼 변신한 채 학다리 포
즈를 취한 사진을 올렸어. 그런 모습을 보면 가끔 나도 기도를
하게 돼.

　'관심받고 싶어 하지 않게 하소서.'

　테레사 수녀님은 욕구 자체를 다스리려 하셨지만 우리는 사랑
받고 싶고, 인정받고 싶은 욕구 정도는 받아들여도 괜찮지 않을
까. 그것이 인정받아야만 한다, 인정받지 못하면 안 된다, 인정받
지 못하면 나는 찌질이고 존재 가치가 없다, 이런 식으로 넘어가
게 되면 문제가 생기고 불안이 스멀스멀 피어오르게 되는 거지.

· · ·

　다만 마더 테레사 수녀님의 기도를 조금 다르게 흉내 내보는

거야. 이게 마지막 스테이지야. '허가식 문장 쓰기'라는 건데, 자신의 잘못된 신념이나 금지령을 반대로 써서 읽어보는 것이지.

'사랑받지 못해도 괜찮아.'

'인정받지 못해도 괜찮아.'

'모든 사람과 원만하게 지내지 못해도 괜찮아.'

'찌질해도 괜찮아.'

'절대로 늦으면 안 된다고? 늦을 수도 있지. 늦어도 괜찮아.'

'실수를 해도 괜찮아.'

'때로는 오해를 받을 수도 있어(오해는 풀리게 될 거야).'

'친구에게 말을 걸었을 때 그 친구가 친절하게 대해주지 않아도 괜찮아.'

'눈에 띄면 안 된다고? 띄어도 괜찮고 안 띄어도 괜찮아.'

'상처받으면 안 된다고? 세상에 상처 안 받는 사람이 어디 있
겠어. 상처받아도 괜찮아.'

'존재해도 돼.'

'사랑받아도 돼.'

'어른이 되어도 돼.'

어때, 진짜 괜찮아진 것 같지 않아?

시를 쓰자!
시를 쓰자!

너희 모두 불안 지도에서 탈출했니? 휴우~ 우리 모두 굉장한 걸 해낸 것 같지 않아? 불안의 대단한 비밀을 밝혀낸 것 같아. 그럼 오늘부터 결코 불안하지 않을 것 같지? 하지만 그런 일은 없어. 불안은 우리를 평생 따라다니는 친구와 같거든.

이제 불안 지도를 탈출할 수 있는 마지막 스테이지라고 할까, 불안을 떨쳐버릴 수 있는 비장의 카드를 보여줄게. 바로 시를 쓰는 거야. 갑자기 시를 쓰라니 당황스럽지? 하하. 하지만 시가 주는 특별한 힘을 빌려야 해. 시에는 마법 같은 힘이 있거든.

시는 누구나 쓸 수 있어. 그리고 어렵게 자신의 시를 완성하고 나면 이런 생각이 들어.

'참 잘 썼다.'

시를 처음 쓰는 사람일수록 더욱 그래. 왜 그런지 알아?

시는 감정을 담을 수 있게 해주지. 시를 쓸 때는 거짓으로 쓸 수가 없어. 그것은 쉽게 감정을 담을 수 있기에 그런 걸 거야. 생각해봐, 자신의 감정을 글로 표현해본 적이 있는지 말이야.

시는 짧기 때문에 부담도 없고, 잘 쓰고 못 쓰고도 없어. 한두 줄밖에 안되는 시도 심오한 의미가 담긴 듯 멋져 보이고 무슨 뜻인지 곰곰이 생각하게 되지. 그래서 시를 통해서 내 감정을 표현하고, 달래고, 전환시켜서 내 감정의 주인이 될 수 있도록 할 거야. 감정에 끌려가지 않고 감정의 주인이 되자! 불안이라는 것도 결국 나의 감정이니까 주인이 될 수 있어.

지금부터 나의 불안을 시로 써볼 거야. 이때 중요한 것은 그 불안한 감정을 중간이나 마무리에 다른 감정으로 바꾸어보는 것이지. '희망'이나 '용기', '위로' 등 자신이 바라는 감정을 담아 감정의 흐름을 바꾸어보는 거야. 시를 읽어보면 알겠지만, 하나의 감정에만 머무는 시는 거의 없어. 좋은 시는 좋은 감정의 흐름을 담고 있어야 하지. 지금

나는 감정의 주인이지!

감정

나를 옭아매고 있는 불안이 아니라 원래 내가 쓰고 싶었던 이야기는 뭐였니? 시의 마지막에 그런 이야기를 펼쳐보면 어떨까?

. . .

시험 성적이 떨어져서 엄마한테 혼날까봐 성적표를 감춘 아이가 있었어. 시험을 잘 못 봐서 성적표를 감췄으면서, 엄마에게는 담임 선생님이 우편으로 보낼 거라고 거짓말을 했지. 그런데 이 아이가 들킬까봐 불안해한 것은 자신의 거짓말이 아니라 망친 시험 성적이야. 너희도 생각해봐. 시험을 못 본 게 더 잘못일까, 거짓말을 한 게 더 나쁠까? 거짓말이 아닐까?

도덕적인 판단조차 흐릿해질 정도로 아이가 불안하고 두려운 이유는 뭘까? 이 아이는 단지 나쁜 성적 때문에 그러는 게 아냐. 바로 '엄마의 인정' 때문이지. 엄마에게 혼날까봐 무섭다고 하지만, 엄마를 실망시키고 자랑스러운 아들이 되지 못할까봐 두려운 거야. 엄마의 인정을 잃게 되니까.

'엄마가 다른 사람에게 자랑할 수 있는(인정받을 수 있는) 아들이 되어야 한다.'

'시험을 항상 잘 봐서 엄마의 인정을 받아야 한다.'

'서울대에 가서 엄마(세상)의 인정을 받아야 한다.'

이 아이의 생각 속에는 이런 부정적인 믿음이 담겨 있었어. 하지만 불안에 떨며 생각을 거듭하는 동안 깨닫게 되었어. 다른 사람과 비교해서 인정을 받기보다 진정으로 의미 있는 삶을 찾고 싶다는 걸. 이 아이는 엄마에게 주는 시를 썼는데, 시를 쓰면서 자신이 원하는 것을 더 구체적으로 알게 되었다고 해.

성적표 숨긴 날

걸리면 어떡하지
성적표를 숨겼다

고등학교 첫 시험
내 평생 처음 받은 최악의 점수

엄마의 유일한 낙은 공부 잘하는 아들 자랑
학비가 비싸서 국립대 아니면 못 보낸다고
그런데 국립대가 서울대밖에 없냐고요

시험을 또 못 보면

성적표를 또 숨겨야 하나
이번에도 들키지 않을 수 있을까

혼내는 엄마보다 실망하는 엄마가 더 두려워
더 이상 엄마에게 자랑스러운 아들이 못 될까 두려워

하지만 공부를 못해도
나는 여전히 엄마 아들
사랑하는 엄마 아들

엄마가 무섭고
거짓말이 무섭고
이렇게 서울대를 가도
엄마와 마음의 거리는 더 멀어질지 몰라요

차라리 공부 잘하는 아들보다 착한 아들이 될게요
내 꿈은 서울대가 아니라 건축가랍니다
서울대 들어가서 잘나가는 아들보다
엄마가 좋아하는, 창문이 커다란 멋진 집을 지어주는
그런 아들이 될게요

4장

10대라서 더욱

뭐가 불안하니?

엄마가 무서워!

과학 샘의 시험 불안 퇴치법

친구가 사라질까봐

난 이제 겨우 열네 살인데…

뭐가
불안하니?

햇살 좋은 4월의 어느 날, 교실 창밖으로는 벚꽃이 활짝 피었어. 바람이 살랑살랑 부는지 꽃잎이 하나둘 바람을 타고 흩날리고 있어.

한 아이가 짝꿍에게 말했어.

"벚꽃 참 예쁘다."

짝꿍이 말했어.

"응, 그래. 꼭 비듬 떨어지는 것 같아. 사실 저 벚꽃들은 내 탄생 기념으로 심은 거거든. 경배하라, 나의 탄생을!"

에휴, 아이는 한숨을 쉬며 이런 비듬만도 못한 중2병 말기 환자에게 말을 건 것이 잘못이라고 투덜거려.

곧 수업종이 울릴 텐데 따스한 햇살에 아이는 자기도 모르게 감상적이게 되나봐.

울컥.

'아니, 아니야. 이런 좋은 날에 이런 기분을 느낄 필요는 없지.'

아이는 잠시 울컥했다가 교실 뒤편에서 노는 아이들을 바라봐.

'저 애들을 봐, 저렇게 신나게 놀고 있잖아. 아이고, 햄버거를 쌓는다며 교실 바닥에 누워 다섯 명째 포개고 있어.'

그런데 깔린 아이들 표정이 웃겨.

"풋, 쟤 얼굴 표정 좀 봐. ㅋㅋㅋㅋㅋㅋㅋ 쿄쿄쿄쿄쿄쿄 하하 하하하하하!"

"어이, 조울증! 시끄러, 그만 웃어. 너 수학 숙제는 다 했냐?"

어떡하지. 아이는 웃음을 멈출 수가 없어. 앗, 수학 숙제라니? 오늘 수학 들었었나? 그러고 보니 반 애들 절반이 수학 숙제를 하고 있어. 아이는 망했다는 표정을 하며 계속 웃고 있어.

응? 그런데 교실 뒤편에서 햄버거 놀이를 하던 애들이 싸우나 봐. 맨 밑에 있던 애가 열 받았나봐.

딩동댕, 수업종이 울렸어. 곧 샘이 오시겠지.

응, 그런데 뭐라니? 햄버거 맨 밑의 아이가 끝나고 한판 하려나봐. 끝나고 보재.

어, 그런데 교실에 마리아이가 들어오네?

· · ·

조울증, 중2병, 숙제하는 아이, 햄버거 놀이 때문에 열 받은 아이, 그 아이 눈치 보는 아이 등 다양한 교실 내 아이들을 보며 마리아이가 물었어.

"너희도 불안하니?"

아이들이 여기저기서 말했어.

"성적이 떨어질까봐 불안해."

"엄마, 아빠가 내 성적 때문에 실망할까봐 걱정돼."

"앞으로 뭘 해야 할지 모르겠어. 진로가 고민이야."

여기까지는 그래도 이해가 가. 그런데 이렇게 말하는 친구도 있었어.

"집에 휴대폰을 두고 오면 너무 불안해."

그래서 나 마리아이가 다시 물었어.

"휴대폰이 왜?"

친구가 진짜 모르느냐는 투로 말했어.

"진짜 몰라? 왜냐니? 엄마가 보면 어떡해! 으악, 생각만 해도 끔찍해. 나의 흑역사~."

공감 백배!

이렇게 말하는 친구들도 있었어.

"가장 고민스러운 건 친구관계지."

"좋아하는 여자애가 생겼는데 뭐라고 말해야 할지 모르겠어. ㅋㅋㅋ"

"난 내 게임 캐릭터 레벨이 걱정이야(친구 : 니 얼굴이 걱정 아니고?)."

"나는 엄마가 걱정이야."

엥, 엄마? 나는 다시 물었어.

"엄마가 왜?"

"음…… 언제 터질지 모르니까."

친구의 말에 나도 빵 터졌어.

. . .

그런데 '뭐가 불안하니?'에 대한 여학생과 남학생의 대답이 조금 달랐어. 여학생들은 친구관계, 외모, 성적, 미래, 휴대폰, 흑역사 등을 이야기했지. 반면에 남학생들은 시험, 미래, 엄마, 친구, 게임, 연애 등을 이야기했어. 여학생은 친구에 대한 불안감이 가장 컸어. 친구 문제가 가장 민감하고 불안하며 자기 마음대

로 안되는 것이라고 했지.

"흥, 너랑 안 놀아. 쟤랑 놀지 마."

하루에도 몇 번씩 습관적으로 하는 말에 상처를 받기도 하고, 집단적인 뒷담화나 따돌림에 눈물을 흘리기도 해. 오해가 오해를 낳고 입만 벌리면 거짓말을 하는 아이도 있어서 뭐가 진실인지 모르고 단지 내 편 네 편 가를 때도 있어.

그래도 여학생과 남학생 모두 시험과 미래가 고민이고 불안거리인 것 같아. 어른들은 아이들이 공부를 안 한다고 하지만 나름 열심히 하고 있지. 그리고 그만큼 성적이 잘 나오지 않아서 불안하기도 하고. 성적이 안 나온 만큼 미래가 불안하기도 해.

흑역사는 밝히고 싶지 않은 과거를 말해. 예전에 완전 찐따 짓을 했거나 중2병에 걸려 이상한 짓을 하고, 왕따를 당하고, 거짓말을 했다면 다시 꺼내놓고 싶지 않아. 그리고 원래 10대는 세상 모든 사람이 자기를 보고 있는 줄 아니까 내 과거가 들통난다는 것에 대한 불안감이 더 크지. 왜 TV에서 과거의 잘못이 드러나 사라지는 연예인 있잖아? 그런 기분이겠지.

휴대폰은 뭐랄까, 그냥 없으면 불안하대. 휴대폰이 없으면 어떻게 살라고? 카톡이나 페메(페이스북 메신저)는 어떻게 해? 고립되라는 건가? 이렇게 생각하는 아이들이 많지.

엄마가 무서워!

"오늘 한강 물 따뜻하냐?"

"같이 한강 갈까?"

"자살각이야."

9월 모의고사가 끝난 고등학교 3학년 교실에서 이런 말들이 오간다는 신문 기사를 읽은 적이 있어. 치열한 입시 현장의 최전방에 서 있는 고3 학생들의 처절함이 느껴지는 것 같아 슬프더라고. 고3 학생들만이 아니야. 사교육이 심한 지역의 초등학생들은 밥 먹을 시간, 잠잘 시간까지 빼앗겨가며 밤늦게까지 열 곳이 넘는 학원에 다닌다는 가슴 답답한 기사도 있었지.

우리나라 청소년들의 학습 노동 시간이 OECD 국가들 중 1위이고 삶의 만족도는 최하위라고 해. 세계에서 가장 많이 공부하지만 가장 만족스럽지 못하다는 이야기지.

• • •

학교에 들어가기 전부터 사교육을 시작으로 중·고등학교 시절까지, 혹은 그 이후에도 입시 공부에 쏟는 시간은 아마 전 세계에서 역대급일걸. 그런데 아이들을 사교육에 내모는 어른들의 마음속을 살펴보면 '불안'을 찾을 수 있어. 영어유치원부터 시작해서 초등학교 때 10여 곳의 학원을 다니고, 중·고등학교 때 죽도록 공부해서 일류대학을 가고 석사, 박사가 되어도 취업이 안되는 시대. 그렇게 해도 안 되는데, 남들도 다 하는데 나만 안 할 배짱이 없는 것이지.

중학생들만 봐도 어떤 진로를 계획하건 간에 영어, 수학 같은 사교육을 따로 받는 아이들이 많아. 직장인들은 주 5일만 일하면 쉬는데, 학생들은 주말에도 쉬지 못하니 '월화수목금금금'이라는 웃지 못할 말도 있더라고.

우리만 힘든 게 아냐. 부모님

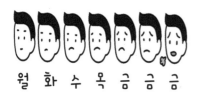

월 화 수 목 금 금 금

은 부모님대로 자녀들의 사교육비를 대느라 허리가 휘어질 지경이라고 해. 우리는 학원에 다니기가 괴롭고, 부모님들은 사교육비 대느라 그토록 힘든데, 왜 너도나도 학원에 매달려야 하는 걸까? 아이들에게 왜 학원에 다니느냐고 물었어.

"엄마가 다니래요."

"친구들이 다들 학원에 다니면서 선행학습을 하는데 저만 안 다니면 걱정되고 불안해요."

아이들은 이렇게 말하곤 하지.

그럼 부모님들의 마음은 어떨까?

"아이들은 뛰어놀아야 한다고 생각해요. 놀이도 성장 과정에서 꼭 필요한 배움이라고 믿어요. 학원에서 선행학습을 하고 지식을 쌓는 것은 아직 어린 아이들에게 시급하지 않다고 생각해요. 그런데 엄마들 모이는 자리에만 다녀오면 불안해요. 어떤 사교육을 받는지, 어디가 좋은지, 지금 시기에 무엇이 필요한지 이런 이야기를 듣다보면 우리 아이만 뒤처지지 않을까 걱정도 되고요."

이게 다 입시 때문이지. 눈에 보이지 않는 입시 불안 바이러스가 온 사회에 스멀스멀 퍼져가고 있는 것 같아.

• • •

　부모님이 하는 말 중에 가장 듣기 싫은 말은 이거야.

　"나중에 대학 가서 해!"

　지금 하고 싶은 일들, 만나고 싶은 친구들을 대학 가서도 하고 싶고, 여전히 만나고 싶을까? 뭐, 게임이라면 그때도 당연히 하고 싶을 것 같지만! 지금 내가 짝사랑하는 여신님이라면 그때도 여전히 만나고 싶겠지만!

　그런데 우리는 다 알고 있어. 부모님이 이런 말을 하는 건 그때 가서 진짜 하라는 게 아니라 지금 공부하라는 말이란 걸. 우리가 이 말을 이토록 싫어하는 것도 부모님들의 속셈을 모르지 않기 때문이지.

　많은 부모님들이 "공부보다 건강이 최고다. 건강하게만 자라라"라고 하지만, 이 말은 결코 공부를 못해서 대학을 가지 않아도 된다는 말은 아니야. 공부보다 더 잘하는 게 있어서 그걸로 성공할 수만 있다면야 공부하라는 말은 줄어들겠지만. 그때도 아마 "너의 재능을 살리는 건 좋지만, 그래도 사람은 기본적인 상식은 있어야 해. 그러니까 기본적인 공부는 해야 해!"라고 말씀하실 것만 같지만 말이야. 그런데 그게 어디 쉽냐고!

    • • •

어쨌든 이 마리아이님께서 지난 세월 동안 부모님에게 당한 공부 압박과 친구들의 이야기를 종합해보니까 부모님들의 공부 압박도 크게 세 가지 형태로 이루어진다는 걸 알게 되었어. 내가 누구냐고? 엄청난 천기누설을 알려주겠음. 두 귀는 쫑긋, 두 눈은 반짝 하시길!

첫째는 공부 중심형이야. 이건 공부를 하고 있어야 한다는 뜻이야. 어쩌면 점수가 몇 점 나오느냐보다 중요한 것은 공부하는 모습을 보여드리는 것이 아닐까. 놀고 있으면 공부하라고 말씀하시고 공부하고 있으면 흐뭇하게 보시곤 하지.

둘째는 시간 관리형이야. 몇 시에 뭐 해라, 몇 시에는 뭐 해라, 이런 것이지. 정해진 시간에 정해진 스케줄대로 움직여주어야 해.

셋째는 성적 중심형이야. 쉽게 말해 성적표의 점수를 중요시하는 거야. 지난번에는 몇 점이었는데 이번에는 몇 점이다, 뭐 그런 식이지. 꼭 혼을 내는 것이 아니어도 몇 점 이상이면 원하는 걸 사주겠다는 것도 비슷한 유형이야.

그 외에 너는 우리 집안의 기둥이다, 네가 우리 집안을 살려야 한다, 넌 그냥 공부만 해, 모든 건 부모인 우리가 책임지마 등이

있어. 이런 부모님의 기대를 받게 되면 시험이 부담이 되고, 시험에 대한 완벽주의를 갖게 될 수도 있어.

　물론 부모님의 기대와 압력이 무조건 아이의 완벽주의를 만든다는 것은 아니야. 이런 영향이 있을 수도 있다는 것이지. 너희 부모님은 어떤 유형이니? 부모님의 공부 압박 유형만 알아도 왠지 불안감이 줄어드는 것 같지 않니? 그러고 보니 이 마리아이님 스트레스 지수의 반 이상은 엄마가 주는 것이로구나. 엄마가 무섭다, 무서워!

과학 샘의
시험 불안 퇴치법

지금까지 마리아이에게 수능 시험일은 학교 안 가는 날이었어. 그런데 이제 슬슬 나에게도 공포의 시간이 다가오고 있어. TV에 수능 시험일 풍경만 나와도 가슴이 쿵쾅거리는 것 같아. 수험생들은 옷을 두껍게 입고 시험을 보러 가고, 정문에서는 수험생을 응원하는 후배들이 있지. 그리고 학생들의 합격을 기원하며 간절히 기도하는 엄마들의 모습도 빼놓을 수가 없어. 예전에는 잘 붙으라는 의미로 수능 시험장 정문에 엿을 붙이기도 했대. 아이고, 생각만 해도 불안이 몰려오네.

우리 학교에 웃는 얼굴로 학생들에게 공포심을 조장하는 데 일가견이 있는 과학 선생님이 있어. 며칠 전에 이 샘이 수능 시

험장의 모습을 이야기해줬는데, 말만 들어도 숨이 헉 막히는 것
같았어. 게다가 샘은 무슨 악취미인지, 학생들 얼굴에 불안이 슬
슬 비치니까 입가에 옅은 미소까지 지으며 어찌나 적나라하게
이야기하는지, 그 순간에는 그 샘이 진짜 악마로 보였다니까.

• • •

수능 시험장에서는, 진짜인지 아닌지 모르겠지만, 시험 감독
을 하는 선생님들도 긴장을 한대. 혹시 자신의 발걸음 소리에 학

생들이 방해될까 걷는 것도 조심스럽대. 시험장 안은 대체로 조용한 분위기이고 학생들은 거의 말을 안 한대. 감독 선생님은 2명 또는 3명이며, 학생들의 신분증과 사진을 일일이 대조한대.

학교에서 시험을 볼 때는 보통 선생님이 시험지를 맨 앞의 학생에게 나누어주고 뒤로 넘기라고 하는데, 수능에서는 모든 시험지와 답안지를 선생님이 직접 나누어준다고 해. 듣기 평가 시간에는 비행기도 뜨지 않고 선생님도 제자리에서 꼼짝 않고 서 있어. 모두가 긴장하는 시험, 수능 시험장 밖에서 기도하는 어머니의 간절함대로 학생들은 자신의 실력을 모두 발휘할 수 있을까?

시험 감독을 했던 선생님이 들려준 이야기인데, 신분 확인을 위해 신분증을 달라고 하자 한 학생이 놀란 토끼마냥 눈을 동그랗게 뜨고 입술을 파르르 떨더래. 이런 상태로 시험을 볼 수 있을지 걱정될 정도로 말이야.

이렇게 겁을 잔뜩 주더니 과학 샘 하시는 말씀.

"그런데 얘들아, 그렇게 떨지 않아도 돼!"

처음에는 좀 긴장하는데 시간이 흐르면 꾸벅꾸벅 조는 아이들도 있대. 가끔은 아예 엎드려 자기도 하고 코까지 드르렁 고는 아이도 있대. 수능 시험이라면 모두가 최선을 다하고 긴장할 것 같은데 꼭 그렇지만도 않나봐.

조용조용!

조는 애

열심히 하는 애

열심히 하는 애

생각 없는 애

자는 애

자는 애

따분한 애

걱정하는 애

당황한 애

평범한 애

따분한 애

코 고는 애

열심히 하는 애

코 고는 애

생각 없는 애

자는 애

생각 없는 애

평범한 애

조는 애

열심히 하는 애

열심히 하는 애

살금   살금

교탁

• • •

과학 샘 말로는 시험 불안을 줄이는 방법이 있대. 샘이 그 이야기를 하니까 아이들의 눈이 빛났어. 자고 있던 아이들도 벌떡 일어났고 말이야. 그 비법을 알기만 하면 수능 점수가 얼마나 오를지도 모르는데 왜 아니겠니. 마리아이도 물론 초집중해서 들었단 말이지. 이 책을 보는 너희를 위해 마리아이가 시험 불안을 줄이는 방법을 정리해봤어!

첫 번째 방법은 '일단 해보자'는 행동형 퇴치법이야. 낯선 것은 불안한 법이지. 개나 고양이를 무서워하는 사람이 있다고 해봐. 처음에는 10미터 떨어진 거리에서 적응하는 거야. 그리고 시간이 지나면 점점 거리를 좁히는 것이지.

앞에서 불안으로 유명한 심리학자가 앨버트 엘리스라고 했지. 그 사람도 청소년기에 많이 불안했어. 남자였는데 특히 여자들 앞에만 서면 불안해서 아무 말도 못했어. 그래서 어떻게 했게? 계속 여자들에게 데이트 신청을 했어. 불안을 없애려는 건지 작업을 하려는 건지 모르겠지만 어쨌든 수많은 여자들에게 데이트 신청을 했지. 처음에는 말을 걸 때 몹시 불안했는데 나중에는 불안하지 않게 되었어. 데이트 신청이 성공하는 경우는 거의 없었지만 아무튼 불안은 확실히 줄었다고 해.

시험도 마찬가지야. 자꾸 시험을 보다보면 불안도 줄어들어. 우리나라 고등학생이 시험 불안이 높을까? 아니, 다른 학년에 비해 낮아. 오히려 시험이 낯선 저학년이나 시험 유형이 확 달라지는 대학 신입생 등이 시험에 대한 불안이 더 높아. 내 이야기가 아니라 이런 연구 결과가 있대.

초등학생과 대학생보다는 시험을 자주 보는 중·고등학생들이 시험 불안을 덜 느낀대. 과목별로는 주요 과목인 국어, 영어, 수학보다 암기 과목인 사회, 과학에서 더 불안함을 느끼고. 그러니까 시험을 얼마나 자주 보는가, 시험 준비를 얼마나 했느냐에 따라 시험 불안을 느끼는 정도가 다르다는 것이지. 아무래도 암기 과목보다 국어, 영어, 수학을 더 철저하게 준비하지 않겠어?

• • •

시험 불안을 줄이는 두 번째 방법은 생각을 바꾸는 거야. 시험을 봤어. 70점을 맞았어. 어떤 생각이 들까? 누군가는 이 정도면 잘 봤다고 기뻐하고, 또 누군가는 못 봤다며 슬퍼하겠지. 부모님에게 혼날 것을 생각하면 불안할 수도 있어. 늘 100점 맞던 아이

는 슬퍼하고 50점 맞던 아
이는 기뻐할까? 뭐 대략 그
렇겠지만 꼭 그렇지만도 않아.
평소에 90점을 맞던 아이가 70
점을 맞았다고 하자. 그럼 꼭 슬
퍼해야 할까? 반성하고 더 잘해
야겠다고 각오를 다질 수도 있겠
지.

시험을 앞두고 한 학생은 이렇게 생각해.

'내가 준비한 만큼만 하자. 난 최선을 다했고 그만큼의 결과를
원해.'

또 다른 학생은 이렇게 생각해.

'이번이 마지막이야. 반드시 합격해야 해.'

누가 더 불안할까? '반드시'라고 생각하는 아이가 더 불안할
거야.

우리는 평소에도 반드시 뭐뭐 해야 한다고 생각하곤 해. 반드
시 약속 시간을 지켜야 한다. 반드시 몇 점 이상을 받아야 한다.
반드시와 비슷한 말로는 '완벽하게'가 있어. 완벽하게 청소를 해
야 한다. 완벽하게 줄을 맞추어야 한다. 이런 생각을 완벽주의라

고 해. 불안의 친구지. 반드시, 완벽하게 해야 해. 그런데 세상살이가 그렇게 쉽지만은 않아. 기준이 높으니 불안하게 되지.

반드시 100점을 맞아야 한다. 이번 시험에 합격하지 못하면 난 죽어버릴 거야. 이번 시험을 망치면 내 인생은 망한다. 이런 식으로 생각하는 것은 아닌지 보자는 것이지. 완벽주의를 찾는 방법으로는 반드시, 꼭, 아니면 안 돼, 이런 식으로 생각하는 것을 찾아보는 거야.

이런 경우는 결과에도 집착하게 되지. 시험 일자가 발표되었어. 그런데 완벽주의 혹은 잘못된 신념을 가지고 있어. 그 결과 최악의 상황을 가정하거나 결론을 왜곡할 수 있어. 그래서 불안에 떨게 되지. 이럴 때는 진인사대천명盡人事待天命, 최선을 다하고 나머지는 하늘에 맡긴다는 식으로 생각하면 덜 불안하겠지.

• • •

시험 불안을 줄이는 세 번째 방법은 시험 스킬을 익히는 거야. 어떻게 시험을 봐야 하는지 그 방법을 훈련하는 것이지. 앨버트 엘리스는 밑도 끝도 없이 여자들에게 다가가 데이트 신청을 했다고 했잖아. 그런데 그게 쉽지 않아. 아마도 한 분야에서 세계

정점을 찍은 사람답게 도전 정신이 있어서 그럴 수 있었겠지.

'지금 거리에 나가서 열 명의 이성에게 데이트 신청을 해봐.'

누가 나에게 이렇게 말한다면 어떨까? 어때, 쉽지 않겠지? 그래서 구체적인 기술을 익히자는 거야. 언제, 어디서, 어떻게 데이트 신청을 해야 상대가 받아들이기 쉬운지 그 방법을 알아보자는 것이지.

우선 바쁘게 출근하는 사람이나 열심히 일하는 사람보다는 주말에 번화가에서 놀면서 재밌는 걸 찾는 사람에게 데이트 신청을 하면 돼. 그전에 옷 입는 법과 말 거는 법, 이성을 만났을 때 지켜야 할 매너 등을 익혀둔다면 더 도움이 되겠지.

이것은 시험 보는 기술을 익히는 데도 적용해볼 수 있어.

우선 서점에 가면 '나는 이렇게 공부했다'류의 책들이 아주 많아. 국내외 명문 대학 입학 사례, 공부를 못했지만 성적을 크게 올린 사례, 각종 시간 관리 방법이나 암기·학습 방법에 대한 책들이 수북이 쌓여 있어. 그중에서 분명 너에게 도움이 되는 책도 있을 거야. 그 책을 찾아 읽고 적용해보는 거야.

친구가
사라질까봐

　주위에 학교에 안 가는 친구들이 있어? 아마도 특별한 경우가 아니면 거의 대부분 학교에 갈 거야. 그리고 한번 입학한 학교에서 졸업까지 하지. 중간에 자기 마음대로 학급을 바꾼다거나 하는 것은 상상할 수 없어. 쉬고 싶다고 몇 주씩 쉬는 것도 거의 어려울 거야. 뭔 소리냐고?

　한마디로 학교는 내가 가기 싫다고 해도 가야만 한다는 거야. 비록 따돌림을 당한다고 해도 말이지. 그러니 우리에게 학교에서 만나는 친구는 얼마나 소중한 존재이니? 그런데 학교에 친구가 없다면 그처럼 따분하고 지옥 같은 시간도 없을 거야.

　친구 문제에 대한 불안은 따돌림보다는 친구 그룹에 속하지 못하는 것에 대한 불안 또는 절친이 사라지는 것에 대한 불안이 더 많아. 친한 친구와 싸웠어. 불안해. 왜 불안할까? 친구가 복수할까봐? 아니야. 그 친구가 사라질까봐 불안하지. 이제부터 혼자일까봐 불안해. 여자아이들은 혼자 있으면 다른 애들이 쳐다보잖아. 왠지 모르지만 실패자가 된 듯한 이상한 기분? 혼자 밥 먹고, 혼자 매점 가고, 혼자 화장실 가는데 그게 왜 이렇게 부담스럽게 느껴지지? 혼자 밥 먹고 혼자 술 먹고 혼자 돌아다니는 아저씨들은 이해 못할 소녀들의 습성이지.

. . .

이건 우리가 '소속감'이라는 걸 처음 느껴보기 때문이야. 소속감은 내가 어떤 집단에 속해 그 집단의 가치를 공유하는 느낌을 말해. 갓난아이에게 세상은 엄마 또는 자신을 키워주는 사람 한 명이지. 엄마가 나에게 해주는 반응이 곧 세상이야. 조금 더 나이를 먹으면 엄마에

소속감

서 가족으로 자신의 세상이 넓어지지.
그다음은 친구야. 친구는 가족이 아닌
새로운 사회에 진입했다는 성취
감을 느끼게 해줘. 초등학
교 저학년까지 엄마와 가
족이라는 사회관계에서
생활하던 아이는 보다 낯

선 사회를 향해 탐색을 해나가. 그 과정에서 친구를 얻었다는 것
은 가족이 아닌 사회에 성공적으로 진입했다는 의미야.

'나도 이제 어엿한 사회 구성원의 한 사람이라고!'

이런 뿌듯함을 갖게 되지. 친구를 얻은 아이는 낯선 사람들과
새로운 관계를 맺을 자신감이 생겨. 만약 친구가 없다면 가족에
서 바로 낯선 인간관계로 점프를 해야 해. 이처럼 친구는 낯선
인간관계를 이어주는 중간 다리 역할을 해.

여자아이들은 친구와 손을 잡고 다녀. 아침에 등교할 때도 함
께 가고, 학교에서도 함께 밥을 먹고 화장실도 함께 가지. 가끔
은 우정인지 사랑인지 헷갈릴 정도야.

사랑은 다양한 감정의 극단, 즉 설렘, 행복, 불안, 좌절, 고통
등을 모두 경험할 수 있게 해준다고 해. 이것들은 사랑하지 않으

면 느끼지 못할 감정들이지. 그래서인지 소녀들의 절친은 웬만한 어른 남녀 연인 못지않은 친밀감을 느낀다고 해.

· · ·

미국에서 청소년에 대해 쓴 책들을 보면 청소년기에는 남녀 사이에 친밀감을 충분히 얻어야 한다고 말해. 그래야 사랑을 알고 어른이 되어 가정을 꾸릴 준비가 된다고 말이야. 그러나 그건 미국 사정이고 우리나라에서는 청소년기에 남녀 사이에 깊은 친밀감을 갖기는 좀 어렵지. 어…… 아닌가?

다시 정리해보면 친구가 없다는 말은 10대 때 얻어야 할 소속감을 얻지 못한다는 것과 동시에 깊은 감정을 나눌 절친이 없다는 것과 같은 뜻이야. 어른으로 비유하면 직장에서 잘리고 배우자와도 이혼했는데 이를 위로해줄 사람이 아무도 없는 상태라는 것이지.

친구란 소속감과 친밀감을 느끼게 해주는 존재야. 그런데 학교는 구성원이 거의 고정된 집단이야. 그렇게 고정된 집단에서는 친구를 빼앗거나 없앨 수 있어. 친구관계를 이용해 폭력과 협박을 할 수도 있지. 쟤랑 놀지 마! 그래? 그럼 다른 반 애들이랑 놀면 되지. 너랑 안 놀아. 어 그래, 나 전학 가, 빠이. 이게 쉽지 않다는 것이지. 그래서 친구관계가 무기가 될 수 있어.

. . .

어른들은 이런 10대들의 마음을 이해하기 힘들 거야. 친구가 안 놀겠다고 했다고 말하면, 그냥 개랑 놀지 말고 다른 친구 사귀어라, 네가 더 열심히 공부하고 더 잘나면 될 것 아니냐, 1년 금방 간다, 이렇게 쉽게 말씀하실지도 몰라.

그런데 이런 말을 하는 것은 어른의 욕구가 10대와 다르기 때문이야. 비유를 해볼게. 늘 일만 하는 아빠가 있었어. 부자는 아니지만 먹고살 만했어. 그래도 아빠는 가족들에게 더 나은 환경을 만들어주어야 한다면서 늘 일만 했지. 나머지 가족들은 그런 아빠에게 적어도 며칠에 한 번은 함께 저녁을 먹자고 요구했고, 아빠는 가족들의 의견을 받아들여 함께 저녁을 먹기로 했어. 그런데 아빠는 저녁을 먹으면서도 계속 전화로 일을 했어. 가족을 위해 일한다는 아빠와 그것을 원하지 않는 가족. 이렇게 일에 빠져버린 아빠를 이해할 수 있겠어?

어른들은 소속감, 친밀감 같은 관계의 욕구보다는 생산의 욕

구가 더 커. 남들에게 얼마나 주목을 받느냐보다는 아이를 낳느냐, 돈을 얼마 버느냐, 내가 무엇인가를 만들어내는가가 더 중요하지. 일중독에 빠지는 것도 그런 측면에서 이해할 수 있어. 자녀의 성적을 중요시하는 것도 일종의 산출물이라고 보는 관점이 녹아 있지. 상장이 그런 거잖아. 아이는 부모 자체보다는 부모와의 관계를 중요하게 여기지만 부모는 아이 그 자체를 중요하게 생각해. 그래서 자녀를 매우 중요하게 생각하면서도 자녀와의 관계 맺기는 소홀한 경우가 많지.

아이는 관계의 욕구, 어른은 생산의 욕구에만 충실하고, 자기가 중요하게 느끼는 것을 다른 사람도 그렇게 느낄 것이라고 오해하면 서로를 이해하지 못하게 돼. 우리의 가장 큰 불안거리인 친구 불안을 어른들은 결코 이해하지 못하지. 그러니 우리 문제는 우리가 해결할 수밖에!

난 이제 겨우 열네 살인데…

'진로'라는 수업이 있어. 각자의 진로를 탐색해서 미래를 준비하자는 의미에서 만든 거라고 해. 그런데 이 수업이 오히려 우리를 더 불안하게 하지 않아?

지금 우리가 미래에 어떤 직업을 갖게 될지 어떻게 알겠어? 만약 대학을 간다면, 대학을 졸업하는 나이가 스물네 살인데 10년 후에 세상이 어떻게 바뀔지 누가 알겠느냐고. 게다가 그동안 나의 관심사가 바뀔 수도 있잖아. 예를 들어 지금은 선생님이 되고 싶지만 나중에는 그렇지 않을 수도 있잖아.

그런데 선생님이 되고 싶어 사범대학에 진학하기 위해 중학교 때부터 열심히 활동하고 사범대학에 진학하기에 적합한 요건들을 학교생활기록부에 쌓아놓지. 그럼 나는 더 이상 선생님이 되고 싶지 않아도 사범대학 진학에 유리한 스펙이니 사범대학에 진학할 수밖에 없는 상황이 되는 거야.

• • •

선생님이든 다른 무엇이든 미래에 대한 계획이 있다면 그나마 나은 편이야. 그런데 아직 뭘 해야 할지 모르겠다면 어떡하지? 이제 겨우 열네 살이잖아. 아직 뭘 해야 할지 모를 수도 있어. 그런데 이미 자신의 미래 직업을 정하고 차곡차곡 스펙을 쌓는 친구가 옆에 있어. 만약 내가 나중에 그 친구와 같은 직업을 미래의 직업으로 정한다면 미리부터 스펙을 잘 관리해온 그 친구가 훨씬 유리할 거야.

그 친구와 경쟁을 하려면 10년, 20년 후의 미래를 예측해서 그때 유망한 직업을 잘 고른 다음 거기에 맞춰서 중학교 때부터, 아니 어쩌면 초등학교 때부터 부지런히 활동해야 해. 그러려면 미래에 유망한 직업을 아는 게 필수야. 그런데 미래에 대해 알 수 있는 사람은 아무도 없어. 그럼 어떻게 하지? '어떻게 하지?'라는 물음표는 끊임없이 생기고 우리는 점점 더 불안해질 뿐이지. 게다가 요즘 같은 100세 시대에는 한 가지 직업이 아니라 서너 가지 직업을 가진다고 하잖아. 그러니까 열네 살에 평생 직업을 선택해서 미리 준비를 한다는 건 말도 안 되는 소리야.

그런데도 어른들은 자꾸 미리 준비하라고 해. 알고 보면 어른들도 잘 몰라서 그러는 거야. 자녀가 미래를 준비할 수 있게 도와주어야 하는데 미래를 알 수 없으니 불안하고 초조한 것이지.

• • •

중학교 3학년인 친구가 있어. 얼마 전 담임 선생님이 어느 고등학교를 가고 싶은지 적어내라고 했어. 이 친구에게는 아빠가 없고 엄마와 동생과 함께 살아. 엄마는 열심히 일하시지만 경제적으로 여유가 없어. 그래도 국가에서 생활비가 지원되고 학교로 지원금도 나와서 그럭저럭 지내고 있어.

그런데 담임 선생님이 어느 고등학교를 가고 싶은지 말하래.

잘 모르겠어. 성적은 100명 중에서 40등 정도인데 인문계 고등학교를 가야 할지, 특성화 고등학교를 가야 할지 모르겠어. 아무래도 집안 형편이 좋지 않으니까 특성화 고등학교를 가야 할 것 같아. 고등학교 졸업하고 바로 취업을 해야겠지.

친구는 담임 선생님에게 특성화 고등학교를 간다고 말했어. 그랬더니 어느 학교 무슨 과를 가고 싶은지 정하래. 헐. 사실대로 잘 모르겠다고 했어. 그러자 선생님은 특성화 고등학교 자료를 잔뜩 주시는 거야. 그게 벌써 몇 달 전이야. 선생님이 두 달만 있으면 특성화 고등학교 원서를 쓰는 시기래. 이제 어떻게 해야 하지?

· · ·

"마리아이야! 난 하고 싶은 것도 없고 잘하는 것도 없는데, 뭘 해야 하지?"

"그걸 왜 나한테 물어? 네가 정해야지."

"난 뭘 잘하지?"

"음…… 지난번에 노래방 갔을 때 보니 노래를 잘하는 것 같던데."

"그래? 그럼 나 가수할까? 연예인도 되고 TV에도 나오면 좋겠다. 그치?"

"어…… 근데 그건 좀 많이 나간 것 같은데……."

"그럼 난 뭘 잘하지? 잘하는 것도 없고 딱히 하고 싶은 것도 없는데, 뭘 해야 하지?"

10대들의 미래에 대한 고민을 들어보면 이런 식으로 같은 말을 반복하는 경우가 많아. 본인이 결정하지 않으면 결국 도돌이표, 무한반복이지.

이런 미래 불안은 미래 자체에 대한 불안이 아닌 '나'의 불안이기 때문에 문제를 접근하는 방법도 '나'에 대해 알아보는 것부터 해야 하지. 보통 10대들은 내가 잘하는 것, 내가 좋아하는 것에서부터 자신의 진로와 미래를 정하려고 해. 뭐 틀린 말은 아니야. 그런데 문제는 딱히 하고 싶은 것도, 잘하는 것도 없다는 거야. 주위에서 좋아하는 것, 잘하는 것이 분명한 친구들을 보면 그 친구들은 어떻게 저렇게 분명할까 부럽기도 하지.

. . .

한 가지 알아둘 것은 미래의 진로를 정하는 데 꼭 뭔가를 좋아하거나 잘해야 하는 건 아니라는 거야. 오히려 가장 못하는 것에서 시작하는 경우도 있어.

심리학자 앨버트 엘리스 아저씨 이야기를 했지. 그 아저씨는 늘 불안에 시달렸어. 여자들에게 말도 못 걸고 근처만 가도 불안해했어. 그 아저씨는 사람들에게 물어봤지.

"저는 왜 이렇게 불안한 건가요?"

이런저런 답을 들었지. 그래도 만족스럽지 못했어. 체계적 감감법(불안의 단계별 목록을 작성하여 불안 강도가 낮은 수준부터 높은 수준까지를 점진적으로 접하게 하여 그 불안에서 벗어나는 방법)으로 여자들에게 말은 걸 줄 알게 되었지만 자신의 불안했던 경험은 결코 잊혀지지 않았지. '불안이란 뭘까?' '왜 사람은 불안해하는 걸까?' 그는 고민하고 고민하다가 심리학자가 됐어. 불안이라는 분야의 최고 전문가가 되었지. 이렇듯 잘하거나 좋아하는 것이 아니라 궁금한 것, 아직 해결되지 않았지만 해결되었으면 좋겠는 문제에서 자신의 미래를 시작해도 좋아. 이런 걸 '인생 질문'이라고도 해.

이런 인생 질문이 진로와 만나게 되면 불안감이 좀 줄어들 거야. 불안이란 것이 외부의 위협 혹은 내면의 완벽주의에서부터 온다고 했지? 미래의 경제적 실패 등을 지나치게 예측하거나 반드시 성공해야 한다는 생각을 갖는다면 자신의 미래를 떠올릴 때 걱정되고 불안할 거야.

사람들은 '꿈'이나 '끼'라는 말을 많이 써. 꿈은 하고 싶은 것, 끼는 잘하는 거야. 그런데 진로를 정할 때는 '의미'라는 단어를 깊이 생각해봐야 해. 나는 노래를 잘해. 가수가 될까? 그러면 '어떤'이라는 단어를 붙여보는 거야. 나는 어떤 가수가 될까? 나는 어떤 의미를 가진 가수가 될까? 선생님이 될까? 나는 어떤 선생님이 될까? 이렇게 생각해보자는 것이지. 그러면 꿈, 끼 말고도 의미라는 단어를 조금 더 생각해볼 수 있을 거야.

어때, 내 안의 불안이 좀 해소되는 것 같니? 그 외에도 우리를 불안하게 하는 건 많겠지만, 그래도 이런 대표적인 불안들만 줄어들어도 그게 어디겠어. 또한 불안이란 것이 어떤 원리로 자라는지 조금 감을 잡았으니 다른 불안이 있더라도 적용해볼 수 있겠지. 그러니 불안해하지 말고 고 고~.

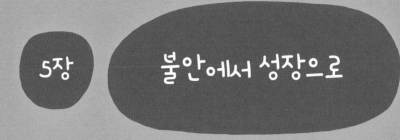

5장　불안에서 성장으로

목욕물과 함께 아기까지 버리지 마라

오감도, 나에게 의미를!

앤젤리나 졸리의 불안

'불안하지 않기' 선택하기

나의 인생 캐릭터 선택하기

가까이에서 보면 비극일지라도 멀리서 보면 희극

눈 감고 가는 용기

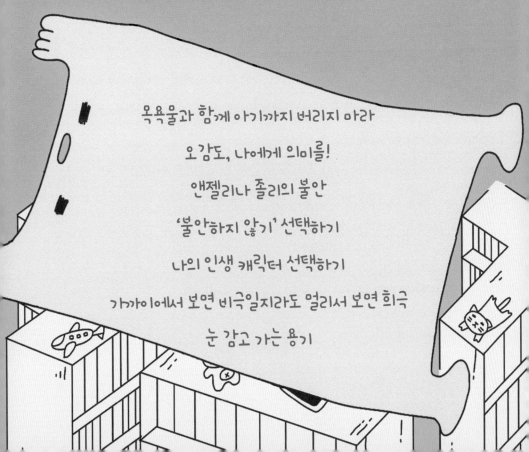

목욕물과 함께
아기까지 버리지 마라

어휴, 숨 가쁘다! 《불안상자》를 시작할 때는 어떻게 글을 써야 할지가 엄청난 불안이었는데, 벌써 마지막 장이 되었네. 마리아 이는 역시 대단해! 쓰담쓰담^^ 그런데 여기까지 오니까 내 마음 속의 불안상자가 왠지 친근해지지 않았어? 이왕 친해진 것 좀 더 가까이 가볼까?

그런데 여기서 갑자기 드는 의문이 있어. 바로 이거야.

'불안은 우리가 이렇게 노력해서 꼭 없애야 하는 것인가? 극복해야 하는 것인가?'

Don't throw out the baby with the bath water.

목욕물과 함께 아기까지 버리지 마라.

흔히 쓰이는 영어 속담이야. 더러운 목욕물만 버리면 되는데 아기까지 버리다니! '헉' 하고 놀랄 만한 상황이지? 불안이 나쁘다고 생각하고 무조건 멀리하는 것은 바로 이런 상황과 같다는 거야. '아기'처럼 의미 있고 소중한 불안까지도 함께 버리는 거니까.

. . .

불안을 무조건 없애려고만 한다면 오히려 부작용이 나타날 수도 있어. 불안에서 벗어나고 싶은 강박관념에 잘못된 선택을 하는 것이지. 약물이나 술에 의존하는 것이 대표적이야. 그렇게 되면 불안을 판단할 수 있는 뇌를 마비시킬 것이고, 그로 인해 불안이 주는 고통뿐만 아니라 진정한 즐거움도 사라지게 되겠지.

혹시 생텍쥐페리의 〈어린 왕자〉 읽어봤니? 어린 왕자가 자신의 별을 떠나 여행을 하다가 '술꾼'이 사는 별에 도착했어. 어린 왕자가 술꾼에게 물었어.

"거기서 뭘 하고 계시죠?"

"술을 마시고 있다."

"왜 마셔요?"

"잊으려고."

"무얼 잊어요?"

"내가 부끄러운 놈이란 걸 잊기 위해서."

"뭐가 부끄러운데요?"

"술을 마신다는 게 부끄러워!"

술꾼을 돕고 싶었던 어린 왕자는 '어른들은 아주아주 이상해' 라고 속으로 중얼거리며 우울하게 그 별을 떠나.

불안을 잊기 위해 끊임없이 쾌감을 찾는 사람은 이 술꾼과 비슷해. 술꾼은 자신이 맨 처음 왜 술을 마시게 되었는지 따위는 잊어버렸어. 어쩌면 그 이유가 술꾼의 삶을 바꿔줄 열쇠가 될지도 모르는데! 지금은 그냥 그렇게 술에 의존하는 자신이 부끄러워 계속 취할 뿐이야. 안타까운 일이지.

불안을 잊기 위해 쾌감에 중독되는 것도 마찬가지야. 내가 불안했던 이유, 해결해야 할 과제를 버려둔 채 쾌감을 좇다보니 공허해지는 거야. 공허함이 찾아오면 더 큰 불안감에 사로잡히겠지.

'내가 뭔가 중요한 걸 잊고 사는 건 아닐까?'

   • • •

  사람들은 불안을 잊기 위해 쾌감에 중독되기도 하지만 고통에 중독되기도 한다면 믿을 수 있겠어? 우리가 어떤 고통이 있을 때 다른 더 큰 고통이 있으면 이전 고통은 잊게 되잖아? 그래서 우리의 몸과 마음에 불안보다 더 큰 자극을 주어 불안보다 더 큰 긴장을 불러일으키는 거지.

  안타까운 일이지만 습관적으로 자해를 하는 친구들이 있어. 그 나쁘고 끔찍한 일을 왜 하는 건지 도저히 이해 안 가지? 따돌림과 괴롭힘을 당했던 한 친구가 있었어. 또다시 그런 일이 생길까 두려워 새 학기 교실에서도 잔뜩 위축되어 있었지. 그런데 이번에도 그런 모습을 이용해 짓밟고 괴롭히면서 센 척하려는 친구들의 눈에 띄고 말았어.

그 친구들이 툭툭 치거나 욕을 하는 등 집요하게 괴롭히자 이 친구가 갑자기 커터칼을 집어든 거야. 그리고 자신의 살갗을 그었어. 센 척하던 친구들은 너무나 놀라고 당황스러웠어.

이 친구는 이 사건으로 아이들이 자기를 두려워한다고 생각하며 우쭐해졌어. 그러자 그 뒤 반복적으로 자해를 하기 시작했어. 이제는 반대로 자해를 하기 위한 핑계를 찾기 시작한 거야. 혼자가 되지는 않을까, 누군가 자신을 무시하고 괴롭히지는 않을까 늘 불안했던 마음이, 자해라는 끔찍한 사건으로 사라진 것만 같았어.

이 친구는 앞으로 어떻게 될까? 자해가 반복될수록 사람들의 관심이 예전 같지는 않겠지. 자해극 같은 일들은 극도의 불안과 긴장을 불러일으켜. 때문에 현실에서 맞닥뜨리는 불안을 잊는 데 도움이 된다고 생각하고 이 친구는 자해를 반복하는지도 몰라. 더 센 자극이 있으면 그보다 약한 자극은 상대적으로 덜 느끼게 되니까. 그런데 과연 그럴까?

• • •

　너희에게 꼭 강조하고 싶은 말이 있어. 우리가 불안을 직시하는 것은 불안을 없애기 위해서가 아니야. 불안이라는 감정을 소중히 여기고 자신을 돌아볼 수 있는 계기로 삼기 위해서지. 우리는 '불안'이라는 감정을 만날 때면 신기하게도 자신을 돌아보게 되어 있어. 화가 날 때는 에너지가 온통 외부로 터져나갈 뿐 자신을 돌아보게 되지는 않아. 그렇지 않니?

　우리가 느끼는 여러 가지 감정들 중에서 불안은 자신을 돌아볼 수 있게 하는 결정적인 감정이라고 생각해. 나는 어떤 존재인가를 성찰하게 만들지. 나라는 인간의 임계점을 깨닫게 만들고, 나는 어떤 인간인지, 무엇을 지향하는지를 생각하게 만들어. 그래서 우리는 불안을 직시해야 해. 그래야만 이 불안을 제대로 볼 수 있어.

오감도,
나에게 의미를!

　너희 혹시 '조감도鳥瞰圖'라는 말 들어본 적 있니? 새가 하늘에서 아래를 내려다보듯이 그린 그림을 조감도라고 해. 여행안내도나 건설현장 가림막에서 많이 볼 수 있어. 그런데 새 조鳥를 까마귀 오烏로 바꾸면 어떻게 될까? 까마귀가 내려다보는 그림, 즉 '오감도'가 되겠지? 우리나라 시인 중에서 이상하기로 유명한 시인의 〈오감도〉라는 시를 소개할게.

　13인의아해(아이)가도로로질주하오.

　(길은막다른골목이적당하오.)

　제1의아해가무섭다고그리오.

제2의 아해도 무섭다고 그리오.

제3의 아해도……

상상해봐. 열 명이 넘는 아이들이 달려가고 있어. 그런데 그 길은 막다른 길이야. 자세히 보니 아이들의 모습이 뭔가 정상적이지 않아. 가장 앞서 달리는 아이가 가쁜 숨을 쉬며 말해.

"으…… 무서워."

두 번째 아이도 같은 말을 해. 세 번째, 네 번째 아이 모두 마찬가지야.

그런데 그 모습을 하늘 위에서 까마귀가 내려다보고 있어.

어때, 뭔가 무섭지?

그런데 이 장면에서 까마귀 대신 다른 캐릭터가 등장하면 어떨까? 옥상 위에서 귀여운 아기 강아지가 혀를 빼꼼히 내민 채 꼬리를 흔들며 내려다보고 있다던지 말이야.

뭐, 분위기 깬다고? 그런데 까마귀 입장에서는 조금 억울할 것도 같잖아. 자긴 나름대로 열심히 살고 있는데 누구는 길조라서 좋은 일이 생길 것이라고 하고, 또 누구는 흉조라서 나쁜 일이 생길 것 같다고 하고 말이야. 외모로 차별하는 것도 아니고. 생각해봐. 너 때문에 불안해! 왜 나 때문에 불안해? 응 니 외모 때

문에. 헉. 듣는 입장에서 기분이 어떻겠어?

〈오감도〉에 대한 국어 참고서스러운 해석을 보면, 아이들이 경쟁적으로 달리는 이유는 다른 사람들에게 뒤처지고 싶지 않아서야. 열세 명의 아이들이 뒤쪽에서 무엇인가 무서운 것을 보고 놀라서 달려가며 무섭다고 할 수도 있어. 그렇지만 뒤에 아무것도 없어도 저럴 수 있다는 거야. 자기도 자기가 왜 무서운지 모르면서 무섭다고 할 수도 있다는 거야. 남들이 달리니까, 달리고 무서워하니까 무서워한다는 것이지.

달리는 것도, 무서움도 전염된다고나 할까?

〈오감도〉의 결론은 까마귀의 외모에 남들이 불안하니까 나도 불안하다는 것이었어. 이런 이유 때문에 불안해하다니, 좀 허무

하지 않아?

. . .

사람들은 누구나 다른 사람에게 인정받고 싶은 마음이 있어. 내가 세운 목표를 이루기 어려울 때, 내게 주어진 일을 제대로 처리하지 못할 것 같을 때 우리는 인정을 받을 수 없을까 불안해해. 그런데 이런 불안은 타인과 나를 비교할 때 더욱 커지지. 목표를 이루지 못할 것 같아 불안할 때 그 불안은 단지 목표를 이루지 못했다는 사실 때문일까, 아니면 그 목표를 이루지 못함으로써 잃어버리게 될 인정 때문일까?

앞에서 이야기한 성적표를 빼돌린 아이가 기억나니? 시험을 못 봐서 성적표를 감췄으면서, 엄마한테는 우편으로 올 거라고 거짓말을 해. 그런데도 이 아이가 들킬까봐 불안해하는 건 자신의 거짓말이 아니라 망친 시험 성적이야. 너희도 생각해봐. 시험을 못 본 게 더 잘못한 일일까, 거짓말이 더 나쁜 일일까? 거짓말이 아닐까? 도덕적인 판단조차 희미해질 정도로 이 아이가 불안해하고 두려워하는 이유는 단지 시험 성적 때문이 아니야. 엄마에게 혼날까봐. 아니, 좀 더 자세히 살펴보면 엄마를 실망시키고 싶지 않아서야.

. . .

이럴 때는 어떻게 한다고? 그래, 앞에서 우리가 함께 해본 '내 머릿속 불안 지도'를 그려보는 거야.

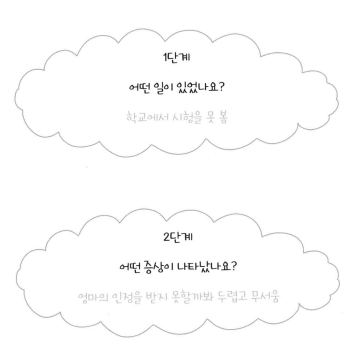

1단계

어떤 일이 있었나요?

학교에서 시험을 못 봄

2단계

어떤 증상이 나타났나요?

엄마의 인정을 받지 못할까봐 두렵고 무서움

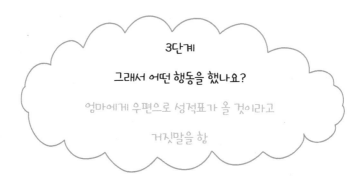

3단계

그래서 어떤 행동을 했나요?

엄마에게 우편으로 성적표가 올 것이라고

거짓말을 함

이 지도를 그렸다면 이제 지도 밖으로 탈출하기를 시도해야겠지? 앞의 '지도 밖으로 탈출하기'에서 이야기했던 세 단계 스테이지를 시도해보렴.

앤젤리나 졸리의 불안

한 여자아이가 있어.

갓난아기 때 아빠의 외도로 부모님이 이혼을 했어. 아이는 아빠에게 버림받았다고 생각했지. 몹시 가난했던 엄마와 아이는 제대로 된 집조차 없이 남의 사무실에 얹혀살았어. 학교에서는 친구들이 아이를 싫어했어. 열한 살 무렵부터 따돌림을 당했는데, 몇 년간 지속된 집단 따돌림과 폭력을 견디다 못해 학교를 그만두었어. 아이는 너무 괴로웠어. 집에서도 학교에서도 안정을 느낄 수 없었거든. 이 아이처럼 사람들에게 버림받았다고 생각할 때 어떤 감정이 생길까? 분노일까, 미움일까?

이상하게도 버림받는 사람들은 죄책감을 많이 느낀대.

'친구들이 나를 따
돌리고 괴롭히는 것
은 내가 이상해서 그래.'
'아빠도 그래서 나를 버렸을
지도 몰라.'
'그 누구도 나를 좋아하지 않을
거야.'

아이는 이런 생각을 했어. 그리고 그 고통에서 벗어나고자 더
큰 육체적 고통을 택했지. 자해였어. 자기 스스로를 해쳤지. 약
물에도 중독되었어. 하지만 자해를 하고 마약을 하는 자기 모습
은 더 혐오스럽고 끔찍했겠지.

'나는 한심한 인간이야. 살아갈 가치가 없어.'

아이는 자신을 깎아내리고, 우울증을 달고 살았어.

• • •

아이는 커서 모델이 되었어. 독특하고 예쁜 외모 덕분이었어.
모델 일을 할 때도 검은 옷만 입는 등 어두운 분위기를 팍팍 풍
겼지. 그런데 인생은 모르는 거라고 그런 어두운 분위기가 어울

릴 만한 영화도 있었어. 자해를 하고 우울증에 겪는 역할을 너무 잘한다고 할까? 어쨌든 그런 어두운 영화에서부터 인정받기 시작하다가 액션 영화에서 대박을 터뜨렸지. 흔히 자고 일어났더니 스타가 되었다고 하잖아. 그녀도 그랬어. 사각 턱, 두꺼운 입술. 할리우드에서 가장 몸값이 비싸다는 앤젤리나 졸리라는 배우의 이야기야.

스타가 되었지만 졸리는 여전히 삶의 이유를 찾을 수 없었어. 그리고 비상식적인 행동을 하곤 했지. 뭐랄까, 허세 가득한 중2병 같다고 할까?

아무튼 성공도, 인기도, 돈도, 허세와 센 척으로도 공허한 삶은 채워지지 않았어. 또한 졸리는 자신은 아이를 키울 만한 사람이 아니라고 생각했어.

그러다 인생의 결정적인 순간을 만났어. 영화 〈툼레이더〉 촬영지 캄보디아에서 내전을 직접 목격하고 끔찍한 난민들의 삶을 알게 된 거야. 팔다리가 잘려나간 참혹한 이들의 모습을 보고 자기가 고통을 겪은 것 같았어. 그리고 총탄에 부모를 잃은 아이들을 보면서 자신의 우울증이 부끄러워졌지. 그녀는 가족을 잃은 매덕스라는 아이를 입양하면서 맹세했어.

'다시는 나 자신을 파괴하는 엄마가 되지 않을 거야!'

'나는 가족을 잃은 사람들을 도우며 살겠어!'

드디어 삶의 이유를 찾은 것이지. 졸리는 스스로 UN 난민기구의 문을 두드리고, 할 수 있는 일이 없을지 물어봤어. 이렇게 다른 사람들을 돕기 시작하자 그녀의 상처도 아물기 시작하는 걸 느꼈다고 해.

• • •

자살 기도, 정신 병력, 마약 복용, 반복된 이혼. 졸리는 군이 그런 사실을 숨기려 하지 않아. 자신의 죄책감을 넘어서기로 한 것이지. 많은 돈을 난민을 위해 기부했고, 난민들이 사는 곳을 직접 찾아다녔어. 또한 자신이 낳은 아이 셋 외에도 버려진 아이 셋을 입양해 키우고 있어.

그녀는 버려진 난민의 아이를 돌보는 가치 있는 일을 선택한 순간 스스로에게 원칙을 세웠어. '더 이상 자신을 파괴하지 않기'와 '가족을 잃은 사람을 도우며 살기'로 말이야.

영화에서 펼치는 멋진 연기 못지않게 불우한 어린 시절을 딛고 일어나 자신보다 더 어려운 사람들을 도우며 사는 모습도 멋진 것 같아. 그런 삶이 자신의 고통을 치유하는 것은 아마도 삶의 보너스 같은 것이겠지.

• • •

앤젤리나 졸리에게 삶의 고통은 자해, 마약, 허세로는 해결되지 않았어. 하지만 누군가를 보살핌으로써 자신의 상처가 치료되었지. 우리 삶을 더욱 가치 있고 의미 있게 만들어주는 단어들을 찾아보았어. 한번 읽어볼까?

보살핌

아이, 동물, 공동체, 환경, 도움이 필요한 친구 등 가치 있는 크고 작은 무언가를 보살펴라.

사랑

애정을 가지고 친절하게 대하며, 오늘 누군가를 사랑하라.

좋은 일

자신의 원칙과 가치에 맞는, 스스로 선택한 진정한
일을 하라.

열정

파고들어 정말로 잘 해내리라, 끝까지 포기하지 않
으리라 결심하라.

관계

덫이 되는 관계는 신중하게 피하되, 관계의 풍성한
아름다움은 택하라.

도전

성공적인 결과를 얻어야 한다는 생각을 내려놓고,
그 일을 제대로 할 수 있을지 걱정하지도 말고 도전 과
정 자체를 즐겨라.

즐거움

가치에 바탕을 둔 삶을 살고 있다면 즐거움도 충분

히 누려라.

자아실현

자신의 온 존재의 일부만 사용하는 것이 아니라
지적, 정서적, 성격적 특성을 온전히 다 사용하여
잠재력을 실현하고 자신에게 당당해져라.

봉사

개별적인 측면과 더불어 공동체적 측면까지 소중히
여기며 봉사하라.

태도

어떤 태도를 택하고 삶에 어떤 자세를 가질 것인
지 스스로 선택하라.

성취

마음을 다스리고 만족할 줄 아는 만큼 작은 성취도
소중히 여겨라.

감사

끔찍한 상처가 있다고 해도 그것이 우리 삶의 방식을 결정짓지 않는다는 것을 기억하라. 여전히 삶에 감사하며 사는 것을 선택할 수 있다.

'불안하지 않기' 선택하기

영어에는 지각동사와 감각동사라는 게 있어. 웬 영어 공부냐고? 하하하, 공부 아니니까 긴장하지 말고 들어봐. 감각동사라는 것은 우리의 감각기관을 통해서 느끼는 거야. 그러니까 나의 의지와는 상관없이 자연스럽게 일어나는 현상이지. 그런데 지각이라고 하는 것은 나의 의지로 적극적으로 행동하는 거야.

'보다'를 예로 들어볼게. see와 watch의 사전적 의미는 둘 다 '보다'이지만 둘의 뜻은 조금 달라. 사람이 눈을 뜨고 있으면 보려고 애쓰지 않아도 많은 것들이 눈에 들어오게 되지? 그럴 때는 see라는 동사를 써. 그런데 내가 좀 더 잘 보기 위해서 노력해서 보는 상황에서는 watch라는 동사를 써. 영화를 볼 때 우리는 내용이 어떻게 진행될지 신경을 쓰면서 보잖아? 그렇기 때문에 영화를 보다는 see the movie가 아니라 watch the movie가 맞는 표현이야.

이 두 가지는 철학적으로 아주 큰 차이가 있어. 감각은 감각기관이 움직이는 것이지만, 지각은 뇌가 움직이는 거잖아. 동물에게는 감각기관만 있어. 하지만 우리 인간에게는 대뇌피질이 존재해. 이것이 없으면 감정은 없고 감각만 있어. 단 동물 중에서도 돌고래와 원숭이는 대뇌피질에 해당하는 부분이 있다고 해. 하지만 우리 인간처럼 풍부한 역할을 하지는 못하지.

불안은 감각일까, 지각일까? 너희는 어떻게 생각하니? '불안을 느낀다'라고 표현할 수도 있지만 때로 '내가 불안해'하는 것은 아닐까? 앞에서 우리가 불안을 분석한 것은 감각 수준의 불안을 지각 수준으로 바꿔주는 역할을 한 거야. 불안을 하나의 신호로 본다면 우리는 얼른 정신을 차려서 'I'를 되찾아야 해. 불안을 지각으로 바꾸자!

· · ·

불안을 느끼는 것이 아니라 '내가 불안해한다'라고 생각을 바

감정을 선택하시오!

기쁨 슬픔 분노

우울 불안

꿔봐. 다시 말하면 내가 불안하기를 선택한 것이라고 생각할 수 있어. 윌리엄 글래서William Glasser라는 심리학자는 '인간의 감정도 인간이 선택하는 것'이라고 했어. 물론 대부분의 사람들이 당연히 불안을 느끼는 상황이라는 것도 있어. 하지만 다른 사람은 불안하지 않은데 나만 지나치게 불안하다면, 그건 내가 여러 감정 중에서 불안이라는 감정을 선택한 것으로 봐도 괜찮을 거야.

불안은 안 좋은 감정인데 불안을 선택했다니 이상하지? 불안이라는 감정을 선택한 이유는 불안을 통해서 우리가 얻을 수 있는 게 있기 때문이야. 그런데 습관적으로 불안해하는 사람은 자신이 불안을 선택했다는 것을 알지 못하는 경우가 많아.

습관적으로 불안을 느끼는 사람은 불안이라는 감정에 익숙해져 있는 거야. 사람은 원래 익숙한 것을 좋아하고 새로운 것을 싫어하는 경향이 있는데, 불안이라는 감정에 익숙해져서 다른 감정을 느끼면 어색해지는 것이지. 불안해하지 않으면 허전하고 텅 빈 느낌을 받는 거야. 그래서 걱정거리가 사라져서 불안이 없어질 것 같으면 다른 걱정거리를 만들어내고 불안해지는 상황을 선택하는 것이지.

· · ·

1등을 하는 친구가 있어. 그런데 그 친구는 늘 불안해해. 다른 친구들은 성적이 그 애만큼만 되면 걱정이 없겠다고 부러워하는데 그 친구는 불안한 거야. 왜 그럴까? 어쩌면 그 친구는 불안에 익숙한 사람일 수도 있어. 남들이 모두 부러워하는 1등이 되어서 불안이 없어지는 상황을 오히려 견딜 수 없는 거야. 남들이 보기에는 불안해할 이유가 없는데 자신이 끊임없이 걱정거리를 만들어내서 불안해하는 것이지. 예를 들면 다음과 같아.

'다음 시험에서 성적이 떨어지면 어떡하지?'

'시험은 잘 봤지만 수행평가를 잘 못 보면 어떡하지?'

'시험이 너무 쉬워서 100점이 많아서 1등급이 안 나오면 어떡

하지?'

'한 과목을 잘 못 봐서 평균이 떨어지면 어떡하지?'

'성적이 좋아서 높은 대학을 지원했는데 운이 나빠서 떨어지면 어떡하지?'

'나보다 성적이 안 좋은 아이보다 더 안 좋은 대학에 가게 되면 어떡하지?'

'우리 집은 형편이 안 좋은데 재수를 하게 되면 어떡하지?'

'좋은 대학에 못 갔는데 동창회에서 나오라고 연락하면 어떡하지?'

그 외에도 엄청나게 많은 것들이 있지. 이런 걱정을 보니 어때? 불안해지고 싶어서 일부러 걱정거리를 만들어내고 있는 것 같지 않아? 어쩌면 우리도 일부러 걱정거리를 만들어서 불안해지는 상황을 선택하는 것일 수도 있어.

⋯

영국의 작가 G.K. 체스터턴Chesterton은 "걱정거리란 어린아이와 같다"라고 말했어. 걱정거리는 관심을 갖고 집중할수록 쑥쑥 자라나는 어린아이처럼 금세 커져버리기 때문이야. 그래서 걱정이 걱정을 부른다고 하는 거야. 어리석어 보이지? 그렇지만 불안을 선택하는 사람들은 무의식중에 그런 선택을 하고 자신이 한 선택을 모르는 경우가 많아.

어쩌면 모든 불안은 아닐지도 모르지만 우리가 느끼는 불안 중에서 우리가 선택한 불안이 있을 수도 있어. 너무 불안하게 느껴질 때 잘 생각해봐. 과연 이 불안이 내가 선택한 것인지 아닌지 말이야. 만약 내가 불안을 선택한 거라면 해결책은 간단해. '불안하지 않기!'를 선택하면 되는 거야. 쉽지?

다가오는 시험 때문에 불안하지? 시험 때문에 불안한 것은 당연한데 어떻게 불안하지 않기를 선택할 수 있을까? 불안을 찬찬히 관찰해봐. 나는 시험을 잘 보고 싶은 마음이 있고 시험을 잘 보지 못할까봐 불안한 거잖아? 그럴 때는 시험 준비를 열심히 하면 돼. 시험 때문에 불안하기 대신에 시험 준비를 잘 하기를 선택하는 것이지. 어때, 간단하지?

불안은 우리가 마음먹기에 따라 얼마든지 통제할 수 있고, 선택할 수 있는 감정 중에 하나야. 불안은 나쁜 감정이 아니야. 불안 때문에 미리 준비하게 되니까. 다만 너무 불안해서 아무것도 할 수 없는 상황까지는 가지 말아야지. 불안도, 불안하지 않기도 모두 나의 마음에서 오는 거니까 오늘부터는 불안하지 않기를 선택해보는 것은 어떨까?

나의 인생 캐릭터 선택하기

패럴림픽이라고 알아? 신체가 불편한 선수들이 참가하는 올림픽을 말해. 장애인 올림픽이라고도 하지. 패럴림픽을 보면 승패를 떠나 그 자체가 감동의 드라마야.

패럴림픽에는 여러 가지 경기 종목이 있는데, 내 관심을 끈 것은 스키야. 처음에는 한 발로 타는지, 아니면 휠체어 스키를 타는지 궁금했어. 그런데 웬걸, 시각장애인 스키래. 눈이 보이지 않는 상태에서 스키를 탄다는 말이지. 우아, 어떻게 앞이 보이지 않는데 스키를 탈 수 있을까? 답은 안내해주는 사람과 함께 타는 거야. 눈이 보이는 안내자가 먼저 내려가고 곧바로 눈이 보이지 않는 선수가 뒤따라가. 안내자가 앞에서 무전으로 바로바로

말해주면 그걸 들으면서 타는 것이지.

　그런데 그 방법을 알고도 참 대단하다는 생각이 들었어. 안내자가 왼쪽, 오른쪽 말은 해주겠지만 그걸 믿고 스키를 타다니, 혹시라도 한 박자가 늦거나 무전기 배터리라도 나가면 어떻게 하지?

　예전에 시각장애인 체험을 한 적이 있었어. 간단해. 눈을 가리고 친구 손을 잡고 걸어가는 거야. 그런데 그게 은근히 긴장되고 불안해. 지켜보는 선생님이 있고 손을 잡아주는 친구가 있지만 그래도 불안은 가시지 않아. 그런데 0.1초의 승부를 겨루는 올림픽에서 그런 모험을 한다니, 안내자와 선수 간의 팀워크와 믿음이 대단한 것 같아.

• • •

중학생 아이가 있었어. 그 아이는 늘 자기는 착한 아이가 아니라고 생각했어. 그 아이의 학급에는 왕따인 아이가 있었어. 담임 선생님도 그 아이가 왕따라는 것을 알고 계셨나봐. 몇몇 아이들에게 왕따당하는 아이를 도와주게 했거든. 얼마 뒤 선생님은 이 아이에게도 왕따 아이를 도와줄 것을 제안했어. 아이는 생각했어.

'나는 선생님이 시켜서 하는 거다. 나는 왕따를 도와주고 싶어서 도와주는 게 아니다.'

사실 도와준다고 해도 별로 하는 건 없었어. 단짝이 된다거나 같이 밥을 먹어주는 것은 부담스러워서 하지 않았어. 조별 활동을 할 때 같은 조에 끼워주는 게 다였지. 그 정도만 해도 큰마음 먹은 거였거든.

아이는 중학교를 졸업하고 오랜만에 담임 선생님을 만났어. 이야기를 나누다가 왕따를 당하던 아이를 돕던 일을 말하게 됐어. 아이는 사실 착한 척하려고 그랬다고 말했어. 진심으로 그렇게 믿고 있었거든.

그랬더니 선생님이 이렇게 말씀하시는 거야.

"선생님은 여러 아이들에게 그 왕따 학생을 도와주라고 부탁했어. 그중에 너를 포함한 일부 학생만 그 아이를 도와주는 걸 선택했어. 너는 착한 척을 선택할 수도 있고 나쁜 척을 선택할 수도 있었지만 하필이면 착한 척을 선택했던 것이지."

그리고 선생님은 물었어.

"너는 착한 척을 선택할 수도 있고 나쁜 척을 선택할 수도 있는데 왜 착한 척을 선택했을까?"

아이는 조금 당황했어.

'왜 그랬을까? 착한 척, 나쁜 척, 센 척, 예쁜 척, 잘난 척 캐릭

터 중에서 왜 하필이면 착한 척 캐릭터를 골랐을까? 나는 왜 착한 척을 했을까?'

아이는 고민하다 선생님에게 다시 물었어.

"그러게요. 제가 왜 그랬을까요?"

선생님은 말했지.

"그거야 네가 착하니까 그랬지."

아이는 엄청 혼란스러웠어.

'헉, 무슨 소리를 하시는 거지? 분명히 나는 착한 게 아니라 착한 척을 한 거라고 말씀드렸는데, 착한 척을 한 것은 착하기 때문이라고 하니 뭔가 복잡하다⋯⋯.'

아이는 선생님과 헤어져 머리가 복잡한 채로 집으로 돌아왔어.

• • •

조금 어렵지? 착한 척, 나쁜 척, 예쁜 척 등 여러 가지 캐릭터가 있는데, 그중에 착한 척을 고른 것은 진짜 착하기 때문이라니. 그렇다면 예쁜 척하는 것들은 예뻐서 그런 거냐? 이렇게 물을 수도 있어. 그래, 이야기해줄게. 이건 욕구로 설명해야 해.

사람에게는 여러 가지 욕구가 있어. 먹고 싶은 욕구, 자고 싶은 욕구, 칭찬받고 싶은 욕구 등. 물론 예뻐지고 싶은 욕구도 있지. 그리고 이러한 욕구는 그 욕구를 가진 사람으로 하여금 스스로 행동하게 만들어. 먹고 싶어? 그럼 밥 먹어. 졸려? 그럼 자. 이런 식으로 말이야. 그래서 착하게 살고 싶은 욕구가 착한 척을 이끌었다는 거야. 착하게 살고 싶은 욕구가 없으면 여러 가지 '척' 중에서 굳이 착한 척을 고를 이유가 없었겠지.

우리 책은 불안에 대해 이야기하고 있잖아. 사실 욕구는 불안과도 관련이 깊어. 앞에서 패럴림픽에 출전하는 시각장애인 스키 선수 이야기를 했지. 앞이 보이지 않으니 스키를 타면서 불안하지 않을까? 그런데도 그 사람은 그 불안을 극복했어. 동기가 무엇일까? 칭찬? 성공? 나도 할 수 있다는 것을 보여주기? 어쩌면 의미 있는 삶에 대한 욕구일지도 몰라.

위의 중학생 아이는 어떤 욕구가 있었을까? 착함? 조금 어려운 말로 하면 평화 정도로 표현해도 될 것 같아. 왜 로큰롤을 하는 음악가들은 '피스peace'를 외치고, 정치하는 사람들은 만날 평화 어쩌고 하잖아.

10대들은 삶이 불안하지. 어른들처럼 외부의 세상이 어떻게 될지 몰라서 불안한 게 아니라, 내가 어떻게 살아야 할지 잘 몰라서 불안해. 난 뭘 해야 하지? 이런 불안이 생길 때는 내 마음속의 욕구를 들여다보는 것이 좋아. 물론 그렇다고 먹고 자는 욕구에만 충실하라는 건 아니야. 앞이 보이지 않아도 스키를 탈 수 있는 것은 그 삶에서 의미를 찾고자 하는 의미 욕구가 있기 때문일 거야. 착한 척했다고 스스로 합리화하는 것은 평화에 대한 욕구가 조금은 부끄러웠기 때문일 거야.

내 마음속에서 의미 있는 일을 하고 싶다는 욕구, 평화로운 세상을 만들고 싶다는 욕구가 있고 그런 욕구를 발견했다면 그런 삶을 살아가는 것은 멋진 일일 거야. 그런 확실한 욕구와 목표가 있다면 조금 불안하더라도 눈을 감고 스키를 타는 사람처럼 멋지게 살 수 있지 않을까?

가까이에서 보면 비극일지라도 멀리서 보면 희극

친구들은 아무 일 없이 잘 살고 있는데 나만 불안 속에서 허우적거리는 것 같다고? 왜 나만 이러는지 모르겠다고? 뭔가 기분이 안 좋은데 이 감정이 무엇인지 모르겠다고? 그럼 그 감정을 글로 써보는 건 어때? 글을 써서 읽어보면 내 이야기가 마치 다른 사람의 이야기인 것처럼 느껴지거든. 영혼이 분리되어 내가 나를 바라보고 있는 것처럼 말이야. 그렇게 한 발 떨어져 나를 바라보면, 내 감정에 휘둘리지 않고 나 자신에 대해 조금은 객관적으로 생각해볼 수 있어.

오호! 역시 잘생겼어.

찰리 채플린이라고 아니? 흑백영화에서 우스꽝스러운 몸짓을 보여주던 영국의 코미디 배우인데, 콧수염과 지팡이로 상징되지. 그 배우가 이런 말을 했대. '삶은 가까이에서 보면 비극일지라도 멀리서 보면 희극'이라고. 내 이야기를 글로 써서 읽어보면 비극이 희극으로 바뀌는 놀라운 체험을 할 수 있을지도 몰라. 그렇게 조금은 여유를 가지고 나 자신에 대해 생각해볼 수 있다는 말이겠지? 다른 친구들의 글을 한번 볼까? 먼저 왕따를 당한 적이 있는 한 친구의 글이야.

• • •

예전에 왕따를 당한 적이 있었다. 나와 친했던 친구가 갑자기 나와 함께 있던 친구를 데려가면서 왕따가 시작되었다. 그 친구들과는 함께 걸스카우트 활동을 했다. 언젠가 걸스카우트에서 산에 갔는데, 내가 무서워서 천천히 가면 내숭 떤다고 흉을 보았고, 밥을 먹거나 만들기를 하는 자리에서는 나를 빼놓고 자기들끼리 밥을 먹거나 만들기를 했다. 따돌림은 6학년 내내 이어졌다.

그때 나는 너무나 괴로웠다. 그 일 이후 친구를 사귀는 것에 두려움이 생겼다. 친구와 잘 지내다가도 문득 그 친구가 언제 내

곁을 떠날지 모른다는 생각에 불안함을 느
꼈다. 생각해보면 그 일은 지금까지의 내
인생에서 가장 큰 사건이었던 것 같다. 그때
나는 '어떤 일이든 실패하거나 힘들 수 있고,
그런 일을 겪을 때 피하지 말고 맞서 싸워야
한다'는 교훈을 얻었다. 지금도 가끔 '그때 왜
그랬을까?'라고 생각하는데, 내가 맞서 싸우지 못했다는 반성이
들기 때문이다.

그 사건 이후 나는 자존감이 점점 낮아졌다. 최근에 자존감 테
스트를 했는데 100퍼센트 중에 12퍼센트가 나왔다. 매우 낮은
결과였다. 자존감을 높이고 싶었다. 그래서 선생님에게 상담을
요청했더니 선생님이 《혼란상자》라는 책을 빌려주셨다. 아직 반
정도밖에 읽지 못했지만 꾸준히 읽고 나 자신에 대해 생각해보
는 시간을 가지려고 한다.

이제 중학교 2학년이 되었다. 말로만 듣던 중2병에 걸리지 않
을까 하는 불안한 마음이 들 때가 있다. 지금부터라도 책 읽기,
관련 영상 찾아보기, 남의 눈치 보지 않기, 나 자신을 비하하지
않기 등 좋은 계획을 세워서, 열심히 나의 자존감을 높이도록 해
야겠다. 그렇게 자존감 높은 나의 역사를 만들고, 어른이 되어서

도 자존감이 높은 사람이 되었으면 좋겠다.

· · ·

또 다른 친구의 글이야.

초등학교에 입학하니 시험을 보기 시작했다. 나는 매번 반 평
균을 넘었다. 초등학교 3학년 때 영어학원을 다니기 시작했다.
5학년 때는 학원을 끊었다. 완전히 끊은 줄 알았는데 아니었다.
6학년이 되기 전 12월에 학원에 다시 갔다. 좀 어색했다. 영어시
험을 봤는데, 볼 때마다 90점을 넘었다. 거의 100점을 맞았다.
부모님에게 칭찬받을 생각을 하니 기분이 좋았다. 그런데 엄마
는 당연한 거란다. 100점이 지겨워지기 시작했다. 졸업식 날 시
를 써서 읽어드리는 시간이 있었다. 원래는 엄마한테 읽어줄 시
였지만 할머니가 와서 앉으셨다. 분명 엄마는 뒤에 있었는데 말
이다. 그래도 할머니에게 읽어드렸다. 이모에게 꽃다발을 받았
다. 비누꽃이다. 난 안개꽃이 좋은데……
중학생이 되었다. 교복을 사러 갔다. 처음에는 기분이 좋았다.
하지만 엄마가 학원 가라는 말을 하는 순간 기분이 나빠졌다. 새

학기가 되었다. 별로 대수롭지 않았다. 여름방학이 되었다. 하지만 학원에 갔다. 놀 수도 없었다. 친구도 학원에 갔다. 여름휴가를 갔다. 동생 때문에 경주로 갔다. 재미없었다.

겨울방학이 왔다. 또 학원에 갔다. 지겨웠다. 복습만 했다. 겨울방학이 지나고 다시 학교에 갔다. 학원 때문에 엄마와 싸웠다. 짜증이 났다. 홧김에 긴 머리카락을 가위로 싹둑 잘라버렸다. 시원했다. 벽에 포스트잇으로 우울하다는 티를 많이 냈다. 아무도 알아주지 않았다.

중학교 2학년이 되었다. 별로 신선하지 않았다. 3학년과 1학년 사이에 껴서 뭔가 좀 그랬다. 난 여전히 학원에 갔다. 3월, 급 우울해졌다. 왜인지는 모르겠다. 그날 저녁 나는 처음으로 자해를 했다. 결국 얼마 뒤에 선생님들과 아빠에게 들켰다. 혼났다. 아빠가 자해했느냐고 물으시더니, 그런 건 부모님이나 가족에게 소외되는 애들이나 하는 거라고 했다. 아빠는 아무것도 모른다. 말하고 싶었지만 입을 꾹 다문 채 아빠를 똑바로 바라보며 눈물만 흘렸다.

내 인생이 너무 답답하다. 내가 바라는 삶은 이런 게 아니다. 나도 부모님이 바라는 것처럼 열심히 공부하고 성적도 좋았으면 좋겠다. 학교에서도 집에서도 공부하고, 자기 전까지 공부하는 아이였으면 좋겠다. 쉬는 날 없이 학원에 가서 공부하고 12시 넘어서 집에 들어오고, 집에 와서도 고등학교 문제를 예습하고, TV를 봐도 EBS 교육 프로그램을 보고 휴대폰으로는 인강만 열심히 듣고, 사고 싶은 물건도 포기하고 문제집을 사서 1주일에 하나씩 풀고, 집에 있을 때는 방에 틀어박혀서 12시 넘도록 공부만 할 수 있었으면 좋겠다.

지금처럼 살다가 엄마 말씀처럼 대학도 못 가고 취직도 못하는 건 아닐까 불안하다. 사는 게 여전히 재미없다. 앞으로도 그럴 것 같다.

• • •

친구들 글을 읽어보니 어때? 한 친구는 친구들과의 관계에서 있었던 흑역사 때문에, 한 친구는 온통 공부와 학원이라는 부담 때문에 힘들어하고 있어. 왠지 남 이야기만은 아닌 것 같지? 그래, 맞아. 대한민국의 10대라면 누구나 이런 문제 때문에 힘들었던 경험이 있을 거야. 이 친구들도 글로 써보기 전에는 막연한 불안, 우울, 두려움에 시달리고 있었지. 그리고 지금 자신의 모습이 너무 힘들어서 이젠 좀 달라지고 싶다는 생각을 아주 많이 하고 있었어.

사람은 쉽게 바뀌지 않아. 하지만 바뀌고 싶다고 생각하고 노력하는 것과 막연한 답답함만 가지고 있는 것은 아주 다르지. 그건 마치 서울대에 가고 싶기는 한데 공부는 하지 않는 것과 같아. 가고 싶다는 생각만으로 서울대에 갈 수는 없잖아. 서울대 갈 실력도 하루아침에 생기는 건 아니겠지? 공부도 수학 문제 하나 영어 단어 하나에서 시작하듯, 자신과의 싸움도 차근차근 풀어나가야겠지? 자, 그럼 함께 생각의 실타래를 정리해볼까?

지금 나를 가장 힘들게 하는 문제는 무엇인가?

왜 이런 문제가 발생했는가?

이 문제를 해결하기 위해 내가 할 수 있는 것은 무엇인가?

이 문제를 해결하기 위해 내 주변에 부탁하고 싶은 것은 무엇인가?

내가 바라는 나의 모습은 무엇인가?

내가 바라는 내 모습을 갖기 위해 나는 어떤 구체적인 실천을 해야 할 것인가?

이렇게 글로 하나하나 정리하다보면 불안이라는 녀석과 맞짱 뜰 수 있는 용기도 생기고, 불안과 싸워 이길 수도 있을 거야.

너희는 어린 시절에 크게 느껴졌던 것이 자라면서 좀 다르게 느껴지는 걸 경험해본 적 있니? 어린 시절 살던 동네, 가끔 놀러 가는 시골 할머니 댁, 절대적이라고 생각했던 부모님도 가끔은 약한 모습을 갖고 있다는 걸 알게 될 때가 있지. 노래에도 있잖아. '어릴 적 넓게만 보이던 좁은 골목길에~.' 마음의 문제도 그래. 그 당시에는 정말 죽을 것같이 힘들었던 어떤 일들도 시간이 많이 지나면 별것 아니라고 생각되기도 해. 아마 곰곰이 생각해 보면 그런 일 하나쯤 있을걸.

그런 일 때문에 내가 그렇게 힘들었다는 것이 '풋' 하고 웃음이 나오기도 하지. 지금 겪는 일들도 많은 시간이 흐르고 난 뒤엔 좀 다르게 느껴질 수 있어. 그래서 옛 어른들은 '영원한 것은 아무것도 없다'라고 했나봐. 찰리 채플린도 그런 맥락에서 '삶은 가까이에서 보면 비극이지만 멀리서 보면 희극'이라고 말했겠지. 현재의 고민에 치열하게 빠져보는 것도 중요하지만 너무 긴장하면 힘들잖아. 그러니까 우리 긴장을 풀고 조금은 여유 있게 맞서보자고. 파이팅!

눈 감고 가는 용기

눈 감고 간다

태양을 사모하는 아이들아
별을 사랑하는 아이들아

밤이 어두웠는데
눈 감고 가거라

가진 바 씨앗을
뿌리면서 가거라
발부리에 돌이 채이거든

감았던 눈을 와짝 떠라

앞에서 이상의 시 〈오감도〉를 읽었지? 이번에는 같은 일제 강점기 시인인 윤동주의 〈눈 감고 간다〉로 이야기를 시작하려고 해. 〈오감도〉에서는 일제 강점기를 살아가는 시인의 불안한 감정이 생생하게 투영되어 있어. 그럼 〈눈 감고 간다〉에서는 어떤 의미를 발견할 수 있을까?

가로등 하나 없는 캄캄한 밤길을 걸어본 적 있니? 아마 많지 않을 거야. 어디를 가든 밝은 가로등과 밤새 불을 밝히는 편의점이 들어선 대한민국의 도시에 산다면. 시골에 살더라도 이제 가로등이 없는 곳은 거의 없겠지.

그런데 아빠가 학창 시절 살던 마을은 골목에 가로등이 없었대. 고등학생인 아빠가 야간 자율학습을 마치고 버스에서 내리면 집까지는 달빛이나 별빛에 의지해서 걸어야 했어. 멀지 않은 길이지만 컴컴한 과수원 길 따라 드문드문 묘지가 있었어. 어둠에 흐릿하게 보이는 나무 그루터기는 때로 사나운 산짐승처럼 보이기도 했어. 또 나뭇가지 끝에 걸린 펄럭이는 가오리연을 보고 기겁한 적도 있대. 흰 한지로 만든 가오리연은 한 맺힌 여인의 소복 치맛자락처럼 보였다고 해.

이렇게 어둠 속에서 희미하게 보이는 실루엣은 그게 무엇인지 모르기 때문에 더 무서운 것 같아. 다양한 상상이 더 무섭게 만드는 거야. 그래서 윤동주 시인이 차라리 눈을 감으라고 한 게 아닐까? 어둠 속에서 우리를 두렵게 만드는 것들은 실체가 없으니까. 독립운동을 하다 감옥에서 짧은 생을 마쳤던 시인은 일제강점기를 살아가는 아이들에게 이런 이야기를 하고 싶었는지도 몰라.

'우리는 나라를 잃었어. 어두운 밤처럼 두렵고 절망적인 상황이야. 하지만 일어나지 않은 일에 대해 괜히 겁먹지는 마. 가야 할 길이 있다면, 해야 할 일이 있다면 차라리 눈을 감아. 태양을 사모하니? 별을 사랑하니? 그렇다면 너희가 옳은 길을 걸어가리라 믿어. 우리는 어둠을 몰아내고 빛을 되찾을 거야. 나라를 되찾고 우리 이름을 되찾고 우리 자신의 주체적인 삶을 되찾을 거야. 무슨 일이 닥칠지, 내가 잃을 것이 무엇일지 손익을 따지거나 미리 계산하지 말자. 두려움을 상상하지 말자. 발부리에 돌이 차인다면, 그때 눈을 뜨고 그 돌을 치우면 되는 거잖아.'

. . .

너희는 윤동주 시인이 시를 통해 전하려는 이야기를 어떻게 생각하니? 상황이 절망적이든 험난하든 가야 할 길이 있으면 가야하는 게 아닐까? 그럴 때는 차라리 눈을 감고 지금에 집중하며 묵묵히 가는 것이 용기인 것 같아. 이런 용기가 있었기 때문에 윤동주 시인은 일제에 저항하는 삶, 독립운동에 투신하는 삶을 살수 있었을 거야.

불안에 대처하는 마음도 그래야 하는 게 아닐까? 때로는 용기가 부족해서 전전긍긍 불안할 수도 있어. 그럴 땐 용기를 키우는 훈련을 해야 해. 지금 나의 집중도를 떨어뜨리는 것들에 과감하게 눈을 감는 것도 용기야. 특히 불안할 상황일수록 지금이 아닌 미래, 주변을 돌아보면 더욱 불안해.

로버트 비스워스 디너Robert Biswas-Diener라는 심리학자는 용기가 특정한 행동이 아니라 '두려워하지 않고 위험에 대처하는 마음가짐'이라고 했어. 보통 사람들이 생각하듯 실천하기 어려운 자기희생이나 영웅적인 행동만이 용기는 아니야. 크고 작은 불안으로 가득한 일상에서 우리가 두려움에 맞서 당당하게 버티고, 그렇게 버티다 필요할 때는 행동할 수 있는 용기가 우리에게 필요한 것이지.

용기는 '개인 내면에서 우러나는 것이라기보다는 특정 역할을 맡게 되면 발휘되는 것'이라고 볼 수도 있대. 용기를 의무적으로 발휘해야 하는 역할을 맡게 되면, 용기라는 가치 있는 덕목도 평범한 일상이 될 수 있어. 구조대원이나 경찰관, 소방관을 봐. 직업 자체가 위험하고 불확실한 상황에서도 용기 있게 행동해야 하는 거니까. 두려움이 크다면 그 일을 제대로 할 수 없겠지.

그렇다고 모두가 구조대원, 경찰관, 소방관이 될 수는 없잖아. 우리는 스스로에게 '내 역할은 힘든 상황에 처한 타인을 돕는 것이다' 또는 '앞으로 사소한 위험들은 피하지 말고 맞서보자'라고 의무를 지워볼 수 있어. 심리학자 로버트 아저씨는 스스로에게 그런 역할을 부여하는 것만으로도 좀 더 용감해질 수 있다고 했어. 학교에서나 집에서 내가 맡게 될 용기 있는 역할은 무엇일까? 평소라면 하지 않았을 행동을 내가 직접 나서서 역할을 맡으면서 일상 속에서 용기 지수를 높여보는 것은 어떨까?

나의 불안에서
탈출하기

어때, 이제 불안 때문에 마냥 불안하지만은 않지?

그럼 우리 다시 한 번 불안을 불러내볼까?

나의 불안 탐색하기

먼저, 나는 어떤 상황에서 불안을 느끼는지 찾아보는 거야.

1. 나는 언제 불안할까? 다음의 상황에서 얼마나 불안한지 점수를
   매겨봐.

   ① 시험 치기 전날에

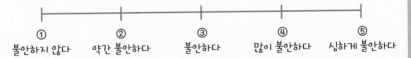

①	②	③	④	⑤
불안하지 않다	약간 불안하다	불안하다	많이 불안하다	심하게 불안하다

   ② 좋아하는 이성(남자 또는 여자)에게 고백하기 직전에

①	②	③	④	⑤
불안하지 않다	약간 불안하다	불안하다	많이 불안하다	심하게 불안하다

   ③ 친구와 싸우고 난 다음 날 학교에서 다시 만나야 할 때

①	②	③	④	⑤
불안하지 않다	약간 불안하다	불안하다	많이 불안하다	심하게 불안하다

④ 진로를 결정하지 못했는데, 주변에서 어느 대학에 갈 것인지
물어볼 때

①	②	③	④	⑤
불안하지 않다	약간 불안하다	불안하다	많이 불안하다	심하게 불안하다

⑤ 그 외 내가 불안한 경우(폐소공포증, 고소공포증, 환공포증, 첨단공
포증 등)를 직접 써보기

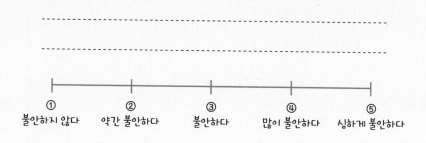

①	②	③	④	⑤
불안하지 않다	약간 불안하다	불안하다	많이 불안하다	심하게 불안하다

직접 써보기

----

①	②	③	④	⑤
불안하지 않다	약간 불안하다	불안하다	많이 불안하다	심하게 불안하다

직접 써보기

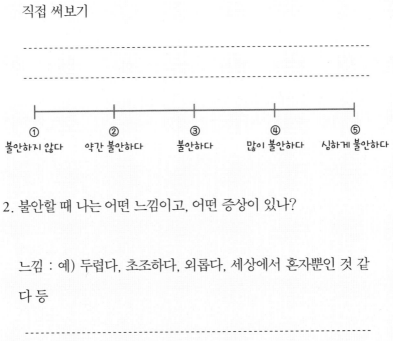

① 불안하지 않다　② 약간 불안하다　③ 불안하다　④ 많이 불안하다　⑤ 심하게 불안하다

2. 불안할 때 나는 어떤 느낌이고, 어떤 증상이 있나?

느낌 : 예) 두렵다, 초조하다, 외롭다, 세상에서 혼자뿐인 것 같다 등

몸의 증상 : 예) 몸이 뻣뻣해진다, 심장이 두근거린다, 식은땀이 난다 등

2단계 나의 고정관념을 열린 생각으로 바꾸기

나의 고정관념(잘못된 신념, 자동적 사고)을 상황별로 찾아보고 열린 생각으로 바꿔보는 거야.

고정관념 찾아보기

시험이 두렵다.	시험을 망치면 인생 끝장이야. 나는 반드시 높은 성적을 받아야만 해. 성적이 떨어지면 실패한 인생이야.
발표가 두렵다.	내 모습을 보고 사람들이 바보스럽다고 생각할 거야. 앞에서 실수하면 사람들이 비웃을 거야. 나의 발표 때문에 우리 조 전부가 낮은 점수를 받게 될 거야.
따돌려질까 두렵다.	외톨이가 되면 사회에서도 실패자가 될 거야. 누구도 내 편에 서주는 사람이 없어. 나를 좋아해주는 사람은 세상에 아무도 없어.
부모님의 갈등에 두렵다.	부모님이 싸우시는 것은 모두 내 책임이야. 나는 부모님으로부터 사랑받을 자격이 없어. 나는 태어나지 말았어야 했어.
엄마의 기대에 두렵다.	엄마의 기대에 못 미치면 끝장이야. 나는 집안에서 무가치한 사람이야. 완벽하지 않으면 엄마로부터 절대 사랑받을 수 없어.
미래가 안 보여 두렵다.	대학에 합격하지 못하면 망한 인생이다. 나는 어느 곳에서든 인정받을 수 없어. 평생 취업하지 못하고 떠돌 거야.

열린 생각으로 바꾸기

시험이 두렵다.	반드시 높은 성적을 받을 필요는 없어.
발표가 두렵다.	앞에서 실수해도 사람들은 비웃지 않아.
따돌려질까 두렵다.	나는 친구들로부터 사랑받을 자격이 있어.
부모님의 갈등에 두렵다.	부모님이 싸우시는 것은 내 잘못이 아니야.
엄마의 기대에 두렵다.	나는 집안에서 가치 있는 사람이야.
미래가 안 보여 두렵다.	능력을 인정받아 취업할 수 있을 거야.

나의 고정관념을 찾아 열린 생각으로 바꿔본다.

호랑이 사진을 보니 어때? 사진이지만 정말 무섭지? 금방이라도 '어흥' 하고 달려들 것 같지 않니?

그런데 이 호랑이는 어때? 무섭기는커녕 귀여워서 옆에 있다면 쓰다듬어주고 안아주고 싶지?

내 마음의 종이호랑이를 찾아 주문 외우기

진짜 호랑이를 보고 무섭다고 느끼는 건 당연하지만, 이 호랑이는 '종이호랑이'에 불과해. 그런데도 무섭다고 느끼는 건 뇌의 착각, 기계로 말하면 오작동 같은 거야. 우리가 느끼는 불안도 바로 이 '종이호랑이'를 보고 무섭다고 느끼는 것과 마찬가지야. 진짜 호랑이였다면 이미 우리가 잡아먹혔을 테니까.

그럼 이제 내 마음의 '종이호랑이'를 찾아서 물리쳐볼까? 아래 그림에 내가 느끼는 불안을 써보는 거야. 만약 내가 발표 불안이 있다면 '발표 불안'이라고 아래 네모 칸에 쓰는 것이지.

그리고 호랑이를 째려보며 다음 주문을 외워봐. 이때 주의할 것은 '눈 꼭 감고 버텨보자' 하는 정도가 아니라 '너 따위 종이호랑이는 내가 반드시 이기고 말겠어!' 하는 강한 의지와 자신감을 가지고 주문을 외워야 한다는 거야. 어때, 모두 할 수 있지? 우리 모두 시작!

'나의 (   ) 불안은 종이호랑이에 불과해!'

● ● ● ● ● ●

나에게 불안이란

'나에게 불안이란?' 어떤 의미인지를 한 문장으로 표현해본다.

나에게 불안은 _____ (이)다.

왜냐하면 _____

_____

_____ :